初任者でもバリバリ活躍したい！

教師のための心得

土居正博 著

明治図書

はじめに

―初任者には，初任者のための「心得」がある！―

　教師はすばらしい仕事です。
　私は胸を張ってそう言えます。

　しかし，そうは到底思えないくらい疲弊している若い世代の先生方がたくさんいます。

　あんなに好きだった子どもに悩まされる。
　保護者にクレームをつけられる。
　上司や同僚から信頼されない……。
　日付が変わるような時間まで働いても仕事が終わらない……。

　現代の教師が抱える問題は非常に多いと言わざるを得ません。
　私の同期の中にも，休職している人や既に辞めてしまっている人もいます。
　それだけ現代の学校現場は厳しいといえます。
　初任者どころか，ベテランでさえ，子どもや保護者に「NO」を突きつけられ，クラスが荒れ，休職や退職に追い込まれる時代です。

　それでも，せっかく自分が選んだ職業です。
　それなりにマスターし，「バリバリ活躍」していきたいと誰もが思っているはずです。特にこれから教壇に立つ初任の先生方はなおさらでしょう。

　「バリバリ活躍する」には，当然のことながら，初任者はまず，「辞めて」はいけません。

辞めないことと同時に，「正しい心得をもつこと」が，これから「バリバリ活躍」していくためには必要です。ですから，本書では，「辞めない」ための“乗り切る”方法だけでなく，“上達”のための「心得」についても紹介したいと思います。

　そして，数年後さらに「バリバリ活躍」していることを想定し，初任者である一年間，できる限り活躍することが「次」につながっていきます。具体的に言えば，初任者であってもクラスを安定させ，授業実践にできる限り力を入れていくことで，それ以降の活躍につながっていくのです。大切なことは，「満足しない」ということです。まだまだ上のステップが待っているからです。

　私には，初任者の先生方へのアドバイスをする，という点で，他に本を書かれている先生方に比べて強みがあります。それは，「初任者に近い」ということです。年齢的にも経験的にも初任者に「毛が生えた程度」ですが，だからこそ，初任者のときの経験や状況が鮮明に思い出せます。そんな私が，「初任のときに知って得した！」とか「初任のときに知りたかったなぁ！」と思う「初任者のための」アドバイスをまとめたものが本書なのです。

　例えば，こんなことがありました。
　ある年，勤務校に初任者がやってきました。とても意欲のある方で，「授業を見せてください」というので，お見せしました。子どもたちは熱中して話し合い，ほとんどの子どもが自分の意見を発表しました。授業で目標としていた力も身につけさせることができ，自分なりには「それなりの」ものをお見せできたかなと思っていました。
　授業後，私はその初任者の先生にコメントを求めました。

　さて，どちらが初任の先生のコメントでしょうか。

Ａ「子どもたちがイキイキしていて，自分から発言していてすばらしかった
　です」
Ｂ「とてもテンポがよくて，こんな緊張感のある国語の授業は初めて見まし
　た。『国語＝ゆっくり，眠い，退屈，休憩時間……』という自分の固定観
　念が大きく変わりました。『言っていることが分からない』『長い，手短
　に』などと，ダメ出しすることでよい訓練の場になると思いました」

　正解は…………実は「Ａ」なのです。（「Ｂ」は，私のクラスの保護者が授
業参観後にくださったコメントです。）

　この「事実」からは，二つのことが分かります。
　第一に**「初任者は教育現場に関して，ことさら授業に関して無知である」**
ということです。この「Ａ」のコメントをいただいたとき，初任者は教育現
場に関しては無知なのだ，ということを痛感しました。
　初任の先生にお見せした授業では，子どもへの「学習用語の定着」「挙手
の仕方」「発言の仕方」「ゆさぶり発問」「学習の振り返りへの指導の入れ方」
などなど，私としては「見てほしいポイント」があったのですが，初任者は
「気づかない」のです。こんなに「意欲のある初任者」でも，そうなのです。
もちろん，初任のときの私も気づかなかったでしょう。
　一方，「Ｂ」のコメントをくださった，本来授業のプロではないはずの保
護者の方が，初任者より授業を見る目が数段上でした。「Ａ」の初任の先生
とは「授業を見る視点や力」が違います。私はこのとき，保護者との対比に
より，初任者は授業に関しては無知なのだと痛感したのです。当然と言えば
当然のことですが，自分が経験を重ねると忘れがちなことです。
　第二に**「初任者に対してすることのできるアドバイスは限られている」**と
いうことです。よくベテランの先生が口にする「授業が大切だ，授業がうま
くいけばすべてうまくいく」というのは確かにその通りです。私にも確固た
る実感があります。しかし，この実感は，「ある程度の期間，授業力向上の

ための取り組みをしっかり行ってきた教師が得ることのできる実感」なのです。それを初任者にアドバイスするのは，厳しいものがあります。初任者の段階でそれを実感することはほとんどないからです。つまり，「その人の経験，力量に合ったアドバイスしか本当に理解することはできない」ということです。これも，当然と言えば当然のことです。

　自分自身を振り返ってみても，同様のことが言えます。今でも毎日，気づかされることが多くあります。「あのとき，あの先生が言っていたことはこういうことなのかぁ」と，経験を積んで気づくのです。子どもへの指導，話もそうですが，初任者への「アドバイス」も，伝わって理解されてこそ「アドバイス」なのです。

　初任者は，他の先輩方や初任者指導の先生から，様々なことをアドバイスされます。

　ある人は「授業が何よりも大切だ」と言います。

　ある人は「教材研究が大切だ」と言います。

　ある人は「授業よりも学級経営を中心にやるべきだ」と言います。

　ある人は「保護者との連絡をしっかりとることが何よりも大切だ」と言います。

　ある人は「子どもと遊べばいいんだよ」と言います。

　それぞれの先生方が，それぞれの親切心で，それぞれが正しいと思ったことをアドバイスしてくれます。

　しかし，それらのアドバイスは「初任にとっては」，正解のときもあれば不正解のときもあるのです。これでは，初任者の先生は困ってしまいます。

　以上の二点から，私はある結論を導き出しました。

　「初任者には，初任者のための心得がある！」 ということです。

　本書では，まだ記憶に新しい，私の初任時代の失敗や，初任者がやってしまいがちな失敗を取り上げ，どのようにしていくとよいかを具体的に述べています。

初任者にとって本当に必要な知識，心構えが書かれており，初任者が理解しきれる「初任者のためのアドバイス」が書かれているのが本書なのです。

　また，なぜこの方法がいいのか，ということも可能な限り書いておきました。そのような「考え方」を知ることで，方法だけを知っている段階からその方法のよさを他の場面に転移できる可能性が広がると考えたからです。

　「ここに書かれていることでは少し物足りないなぁ」と思われる方もいるかもしれません。それでいいのです。むしろ，早いうちに，そう思わなくてはいけません。「初任者にはここまで」という具合に絞ってまとめてあります。そして，ところどころに，「その方法，やり方の限界」なども書いてあります。初任者にとってはよい方法でも，10年，20年，そのやり方が子どもに通用するとは限りませんし，ベストとは言い切れません。もっと子どもの力を伸ばせる方法はないか，と自分の頭を使って考え始めると，初任者の域を脱して，次へのステップが待っています。（そのような方のため，「3年目にグッと飛躍したい教師のための心得」も機会があれば書かせていただく予定です。ご期待ください。）

　本書で述べられるアドバイスが「初任者へのアドバイス」として機能するよう，本書を書くにあたり，サークルメンバーやゼミの後輩の初任者に手伝っていただき，私の独断と偏見のみではなく，逆に初任者から「アドバイス」をもらうことで，完成させることができました。本書の内容は，初任者の方にとって，理解しやすいものとなっているはずです。

　Chapter1「バリバリ活躍するための心得編」では，これから教育現場に出る方が「知っておくべきこと・心がけるべきこと」を挙げました。Chapter2，Chapter3ではそれぞれ「学級づくり」と「授業づくり」について述べました。初任者が気をつけることを，具体例を交えて述べました。Chapter4「味方を増やす職員室・保護者対応編」では，初任者としてどのように同僚の先生方や管理職，保護者と接していけばよいかを述べました。

Chapter5「デキる教師になるための仕事術編」では，初任者でも取り組める仕事術について述べました。Chapter6「初任者でもできる自己研鑽編」では，どのようにして自分の力量を高めていくかを述べました。基本的にどの章から読んでいただいても結構です。

　本書が，初任の先生方，若手の先生方の活力となり，教職を心から楽しめる人が増えることを心から願います。

　なお，個人情報保護のため，本書で紹介されている子どもの事例は，できるだけ具体的に書きながらも，性別，学年などの情報はぼかしたうえで，複数のケースを組み合わせてあります。ご了承ください。

土居正博

CONTENTS

Chapter 1

はじめの一歩で差がつく！
バリバリ活躍するための心得編

Chapter 2

安全・安心のクラスづくりを目指す！
安定した学級経営＆子どもとの関わり編

Chapter 3

初任者でもここまでは押さえたい！
子どもに力をつけるための授業づくり 編

Chapter 4

コミュニケーションが肝心要！
味方を増やす職員室・保護者対応 編

Chapter 5

初任のうちに必ず身につけたい！ デキる教師になるための仕事術編

Chapter **6**

3年目の飛躍を目標に！
初任者でもできる自己研鑽編

おわりに―本書の内容が「物足りなくなる」ことを望む！―

はじめの一歩で差がつく！

バリバリ活躍するための 心得編

教育現場に関して「無知」だということを自覚しよう

無知を知る

ソクラテスの有名な言葉に「無知の知」があります。

人は自分が無知だということを知ることから真の知への道が始まるという意味ですが，大学の教育学部を出て教員免許を取得したての初任者にはこれが当てはまります。

大学で四年間教育について学んだとはいえ，**初任者は教育現場に関して「無知」**なのです。

これを自覚するかしないかで大きく変わります。

いざ子どもたちの前に立つと……言葉が出てこない！！

私は大学の教育学部で教員免許を取得し，4年次に採用試験に合格した後，二年間の採用延期制度を利用し教職大学院にて学び，その後，教育現場に出ました。大学院では国語科教育の理論について研究をしました。ある程度，「他の人より学んでいる」という自信をもって現場に出たのでした。

ところが，現実は甘くなく，現場のことは何一つ分かりませんでした。

初日，特に一番困ったことは「どのようにクラス全体に話せばよいか分からない」ということでした。子どもに伝わるように話せないのです。

教育実習とはすべてが違う！

もちろん，教育実習は行いました。学部時代に四週間。大学院時代に二ヶ

月ほど。それでも断言します。教育実習と現場で担任として働くのとではまったく違います！

　教育実習生はいわば「お客さん」です。子どもたちも，職員も，そのように接します。だから，教育現場の楽しさ，面白さ，子どもたちのかわいさしか目につかないことが多いと思います。

　しかし，一年間毎日顔を合わせる担任は違います。子どもたちのかわいくないところをまざまざと見せつけられたり，同僚間でトラブルが起こったりします。（当然といえば当然ですが。）

教育現場の「予習期間」を設けよう

　大学院である程度，国語科教育の理論について学んだ私でしたが，教育現場に関しての「具体的な」情報については，ほとんど自分の中に蓄積されていませんでした。

　しかし幸いなことに，私は現場に出る前に，この問題を「自覚」することができました。自分が教壇に立ち，子どもたちと一日を進めていくイメージがどうしても湧かなかったからです。

　そのため，大学院2年の冬あたりまでは，国語科教育に関する理論書，つまり研究者が書いた本ばかりを読んでいましたが，年が明けてからは教育実践者（現場の先生）が書いた本を意識的に読むようにしました。

　ハッキリ言って，この判断は大正解でした。

　現場に関しての「予習期間」を設けても，いざ現場に出ると先に挙げたように困ったことはたくさんありました。しかし，「本で読んだことを使ってみよう」と予習していたことを活用しながら乗り越えられたのです。巻末に，初任者必読の，教育実践者の本を紹介していますのでぜひ参考にしてください。

・教育現場に関しての「無知」をいち早く自覚せよ！
・「無知」を自覚し，具体的な情報を意識的に集めよう！
・現場の「予習期間」を設けるべき！

「具体的な情報」を集めよう

具体的な情報はほとんど大学で教わらない

　自分の経験からしか語ることができませんが，大学では主に理論や哲学的なことを学びます。しかし，「子どもたちへの話し方・指示の出し方」や「発問の仕方」，はたまた「掃除のさせ方」「叱り方」など具体的なことはほとんど学ばないと思います。

　この事実は簡単に確かめられます。例えば，水泳指導で「水中での呼吸の練習の指導の仕方のポイントを３つ」，絵画指導で「絵の具の使い方の指導の仕方のポイントを３つ」などと聞かれて，パッと頭の中に具体的に３つ以上思い浮かびますか？

　初任では，ほぼ確実に無理です。

　それでも初任の年から，子どもに指導しなくてはならないのです。

　これは，よくよく考えれば大変なことです。

　通常，一般企業であれば，数ヶ月から半年ほどの「研修」があります。みっちり研修を積んだ後，先輩たちと同じ仕事を段々と任されるようになっていきます。ですが，教員はいきなり初日から他の先輩方と同じ仕事が求められます。特に小学校の場合，はじめから一人でクラスを担任することになることが多いのです。

情報の集め方

　現場に関しての無知を自覚し，「具体的な情報を集めるべき」と述べまし

た。それでは，どのように情報を集めたらよいでしょうか。

　最も有効なのは「実践者の書いた本を読むこと」です。これから自分が立つ教壇で血のにじむような努力をし，子どもたちと教育実践を創り上げてきた先人たちの本を読むことで，実践へのヒントをもらうのです。

　また，最新の具体的情報を得るには，実践者が主催するセミナーに参加するというのも一つの手です。

　セミナーの情報は，主催者が SNS 等で告知している場合が多くあります。その情報を得るには，やはりまず実践者の書いた本をしっかり読み，その中で「この人の言っていることは分かりやすい！」とか「自分の教育への考え方にピッタリだ！」という人が出てきます。巻末に連絡先を載せている先生もいますので，思い切って連絡してみたり，会いに行ってみたりすることも重要です。

抽象的な情報と具体的な情報

　大学で学んでいたのは「理論」であり，「理想」です。これらは古典や大学の教授が書いた本がほとんどです。これらを読むのは「自身の教育哲学を磨くため」です。例えば私はルソーの『エミール』が大好きです。この本に出合い，「子どもが自分でやれることを教師がとやかく指導してしまうのは逆効果である」ということを考え，自分の哲学を形成する一助になりました。また，プラトンの『国家』もかじりつきながら読みました。これまた「教育とは何か」を考える材料になっています。また，村井実氏の『教育学入門』も何度も読みました。「子どもは善くなろうとしている」という考えを読み，心の底から感銘を受けたのを覚えています。これらはハッキリ今の私の毎日に役立っているかは分かりません。しかし，確実に，私の教育哲学は私の教育実践を生み出す際の大元になっています。

　一方，実践者が書いた本は，非常に具体的です。子どもがスムーズに動く学級のシステムづくり，どのようにいじめをなくすか，など，普通は「方法」が書いてあり，「具体例」が書いてあります。初任者がはじめに必要な

のはこのような「具体的な情報」です。「絵の具を使うときに子どもに話す注意点」「開脚前転の際のポイント」など，知らなければ指導することができない「具体的」な情報です。これらをまずは知りましょう。それがなければ，武器なしで丸腰のまま子どもたちの前に出るようなものです。

　私がこの「具体的な情報」のすごさを痛感したのが，初任のとき，向山洋一先生の『跳び箱は誰でも跳ばせられる』（明治図書）の指導法を追試（真似て行うこと）したときのことです。クラスにいた跳び箱が苦手な子が，本当に跳べてしまったのです。それまで，何となく人の真似をするのは嫌だと思っていた私でしたが，このとき「実践に打ち込んできた先人の技術を学ばないのは愚だ」と改めて思いました。その他にも，大前暁政先生の『どの子も必ず体育が好きになる指導の秘訣』（学事出版）の中の，バスケットボールのルールの設定の仕方の効果にも驚きました。「人に触れたらファール，を徹底する」とはどういうことか，はじめは分かりませんでした。ですが，やってみると，本当に子どもたちがドリブルができるようになり，シュートまでたどり着けるのです。心からゲームを楽しむ子どもたちを見て，実践者の積み重ねてきた財産である「具体的情報」のすごさを実感しました。

■今自分が学んでいることは「具体」なのか「抽象」なのかを自覚せよ

　私は，「具体的」な情報が優れていると言っているわけでも，「具体的な本だけを大学時代からどんどん読んでいればいいんだ」と言っているわけでもありません。「どちらが重要か」という二元論の話ではないのです。どちらかに偏りすぎるのがいけません。

　例えば，「具体的」な情報ばかりに偏っている場合。その教師は，子どもに発言させることができます。またきちんと音読させることもできます。しかし，「それは何のために，どのような理論を背景として教えているのですか」と聞かれたとき，何も答えることができません。

　反対に「抽象的」な情報ばかりに偏っている場合。その教師は，「教育とは何か」「自分はどんな子を育てたいか」「子どもとはどんな存在か」というこ

とに関して深い見識を持っています。しかし，目の前の子どもたちに，「伝わる話し方」のポイントについて考えてみたことすらありません。当然，子どもたちには伝わりません。また，子どもたちに音読をさせますが，その指導法を知らないため，具体的にどのように声をかければいいか分かりません。

　このように，情報の「偏り」があるとよい教育実践はできないのです。大事なのは「**自分がどちらに偏っているか**」を自覚し，足りないと思われる情報を得ようとしていくことです。

どんな情報が「具体」でどんな情報が「抽象」なのか

　最後に，教育に関わる具体と抽象をまとめておきましょう。

　自分が今どんな情報を学んでいるのかを見分ける際の観点としてください。

　（なお，このような教育に関する研究の分類についてさらに詳しく知りたい方は，苫野一徳（2017）「教育学のメタ理論体系」『本質学研究』第4号（本質学研究会）をお読みになることをお勧めします。）

	具体	抽象
情報の発信元	実践者	研究者
即効性	あり	少ない
集め方	本を読む。セミナーに参加する。実際に会いに行く。	本を読む。
学ぶ目的	具体的な指導方法，技術を知るため。教育現場での具体的な問題，課題を解決するためのヒントとして。	教育とは何か，どんな子を育てたいのか，などという自身の教育哲学を創るため。

・抽象的な情報と具体的な情報の特長を押さえるべし！

・実践者から具体的な情報を得る努力をすべし！

・今自分が学んでいる，学ぶべきはどんな情報なのかを自覚せよ！

「固定観念」は捨て去れ！

自分の小学校時代とは大きく違う！

　多くの初任者の場合，現場に出たとき，「自分の小学校時代」と比較して考えるようです。そのときのことしか比較対象がないからです。

　私もそうでした。

　例えば，掲示物です。私の小学生時代は，掲示物を直接画鋲でさしていました。だから，平気でそうしようとして，先輩から止められました。

　掲示物の種類にもよるかもしれませんが，特に絵などの作品を直接画鋲でさすのは今ではご法度とされています。作品の端に紙を貼り付け，その紙を画鋲でさして壁に掲示する方法が取られます。

　例えば，名前の呼び方です。私が小学生のころは，男子は「〇〇君」，女子は「〇〇さん」と先生に呼ばれていましたが，今は男女共に「〇〇さん」で統一する学校も多いようです。（私の初任校もそうです。）はじめは非常に違和感がありました。

　このように，初任者で若いとはいえ，自分の小学生時代と今の学校現場では，大きく違うのです。

「固定観念」を捨て去れ！

　現代の教育現場に適応していくためには，まず自分が受けてきた教育に基づく**「固定観念」は捨て去る**べきです。

　「高学年以外は男女一緒に着替える」

「給食は必ずすべて食べなくてはいけない」

「友達は仲良くなってきたら下の名前で，呼び捨てで呼んでもよい」

　実は，これらの「固定観念」には確固たる裏付けはありません。

　自分がこのような教育を受けてきたから，もっているだけなのです。中には大きな間違いもあるでしょう。例えば，今では考えられないことですが，「運動中に水を飲んではいけない」などという教えが昔の部活動ではありました。「自分が小学校時代はこうだったから……」などといった考えを現代の学校現場に当てはめようとすることは非常に危険なのです。

　自分の時代と現代は「別物」だと捉え，余計な固定観念は捨て去りましょう。**初任者のうちは，赴任した学校の方針にしっかり適応すべき**です。（そうしない初任者は，必ず，管理職や周りの先生方から目をつけられます。）

赴任校に適応せよ！

　初任者なのに，「自分のこだわり」を前面に押し出そうとする人がいます。私の周りに「学校ではさん付けで決まっているが，子どもを下の名前で呼び捨てで呼びたいので，そうしている」と熱く語っている初任者がいました。

　その教師は「熱い思い」をもって実行し，赴任校でうまくやっているようでしたが，下手をすると管理職に目をつけられ，自分が働きにくくなることにつながります。初任者にとって，管理職から嫌われるのは「致命的」です。

　また，この「熱い思い」が「固定観念」である場合も少なくありません。「下の名前で呼び捨てにする」ということは，自分の教育実践にとって，赴任校の方針に反してまで守らなくてはならないことなのでしょうか。私はまったくそうは感じません。仮にこれが，「大人しい子や高学年には発言させなくてよい」という赴任校の方針があったとしたら，徹底的に戦うべきだとは思いますが……（そんなことを「表立って」言う学校はないですが）。

・「自分のときはこうだったから……」は通用しない！

・赴任校の風土，文化に適応するべき。

子どもと仲良くなろうとする必要はない

とにかく子どもに好かれようとしていた

　教師の役割は子どもを「伸ばす」ことです。それが目的です。好かれることはそのための「手段」であり，「目的」ではありません。

　初任者はこの点を履き違えがちです。

　子どもが好きでこの職に就いている人がほとんどであり，子どもも年齢が近いことから親近感をもっていて，積極的に関わってくるからです。そして，「人気がある」ことが「教師として力がある」と錯覚を起こしてくるのです。

　私も初任の年，子どもたちからどうにか好かれようとしていました。そればかりが頭にあった，と言っても過言ではありません。

　しかし，それはうまくいかなくなる原因にもなりかねません。

好かれようとする弊害

　それでは，子どもたちに好かれよう，好かれようとするとどのような弊害が生じるのでしょうか。

　第一に，「メリハリ」をつけられなくなります。それが授業時間外だけであれば大きな問題にはなりませんが，必ず子どもは授業時間にも「試して」きます。私も，初任のとき，子どもたちから「土居ちゃん」と呼ばれることがありました。親しみを込めて言ってくれているだろうと思い，そのままにしておきましたが，授業中に「土居ちゃん，これもうやっていいの？」と口にした子がいました。後に詳しく述べますが，子どもはこのように「試し

て」くるものです。そのとき，私は「このままではいけない」と考え，「今は授業中です。言い直しなさい」と訂正させました。以後，授業中にこのような言葉遣いをする子はいなくなりましたが，あのとき許してしまっていたら，きっとどんどんエスカレートしていったことでしょう。

　第二に，「叱ることが難しくなる」ということが挙げられます。子どもに好かれよう，好かれようとすると，子どもに対して，「よい言葉をかけよう」「フレンドリーに接しよう」というスタンスを取ることになります。すると，子どもがよくない行動をしたとき，毅然と叱ることができなくなるのです。「教師は叱らなくちゃいけないときが必ずある。だからどんなときも好かれようとしてちゃダメだよ」これは初任のとき，先輩に言われた言葉でした。

　第三に，最大の弊害は，皮肉にも，好かれよう好かれようと媚を売る教師は結果的に「好かれない」ということです。子どもは，自分にいつも甘く，媚を売ってくるような教師を求めてはいません。口では「〇〇先生，優しい！」とか言いますが，決して尊敬しません。リーダーとしてしっかり集団を率いることのできる教師を求めています。

「優しいけど，怒ると怖い」という子どもの言葉

　私が教育実習のときにお世話になった先生や，校内で尊敬している先生のクラスの子どもに，「担任の先生はどんな先生？」と聞くと，十中八九「優しいけど，怒ると怖い」と口にしていました。この「子どもの言葉」は重要です。

　子どもは決して怖い先生が嫌いではありません。

　百歩譲って怖い先生を大好きにはならなかったとしても，優柔不断で媚を売ってくるような，優しいだけの先生よりも絶対に信頼を集めます。

　まずは「優しいけど，怒ると怖い」と言われる教師を目指しましょう。

- 子どもたちに「好かれる」のは「目的」ではない。
- 「優しいけど，怒ると怖い」と言われる先生を目指そう。

授業は「うまくいかない ものである」と思え

人間相手の職業&いきなり一人前の仕事量

　教師は初任者にとって非常に難しい仕事です。その理由は，大きく二つあ
ります。

　まず，相手が人間であり，しかも不完全な子どもであるからです。そのた
め，**うまくいかなくて当たり前**です。

　そして，先にも述べましたが，教師は1年目の初日から，先輩たちと同じ
「学級担任」という仕事をしなくてはなりません。

　他の職業では考えられないことです。しかし，子どもは毎日学校に来ます。
こちらが初任だから，とかベテランだからとか関係なく学校に来ます。そん
な子どもたちの学習権を守るために，初任であろうとしっかり授業をつくり，
学級を円滑に運営していかなくてはいけないのです。しかも一昔前のように
「教師」が無条件に尊敬され，信頼されていた時代はとっくに過ぎ去りまし
た。子どもたちから信頼を集めるだけでも一苦労が必要な時代です。

　このようなことから，初任がはじめからうまくいくはずがないのです。で
すから，うまくいかないことは当然だと捉え，落ち込みすぎずに，前向きに
仕事に打ち込んでいくことが重要です。

ことさら授業はうまくいくはずがない

　中でも授業はうまくいかないはずです。学生時代にボランティアやサーク
ルなどで子どもたちの面倒を見てきたことがあり，子ども集団を率いる経験

を積んだことがある方は，学級経営に苦労しないことがあります。しかし，そんな方でも，授業がはじめからうまくいった，という人はいません。塾の講師をしていた，という方でも，学校と塾の授業は大きく違うので，苦労する人が多いでしょう。

　私自身，今でも「これはなかなかうまくいったな」という授業は一年に数えるほどしかありません。初任者が授業がうまくいかない……というのは当たり前のことなのです。

初任者は学級経営重視がよい

　野中信行先生は，初任者はとにかく授業よりも学級経営を重視すべき，ということを著書の中で述べられています。

　私もこの考えに賛成です。教師は授業で勝負すべきですが，初任者がそのように考えると，つらくなってきます。初任者にとって，授業は難し「過ぎる」からです。そもそも，「どんな授業がよい授業か」すら分かっていないことが多いです。

　まずは，**子どもと信頼関係を築き，「安全・安心」の学級をつくるべき**です。

　そうして，一人ひとりの「学習権」を守るのです。それが教師の第一の仕事です。学級が安定しないと，勉強したい子も授業に集中することができなくなったり，最悪の場合，いじめが起こりやすくなったりします。そういう状態だけは避けなければなりません。「とにかく学級を安定させることに専念する！」くらいの気持ちでいましょう。学級が安定していれば，自分も楽しむ余裕も出てきます。笑顔でいられます。

　その上で，一時間一時間の授業づくりに力を入れていきましょう。授業はうまくいくはずがないですが，粘り強く，取り組んでいきます。

・教師という職業の特性上，はじめはうまくいかなくて当然である。
・特に授業については，初任者はうまくいかなくて当然である。
・学級経営を重視しよう。

子どものせいにしない

「うまくいっていない」ことを自覚することは重要

　授業はうまくいかなくて当然，と述べました。しかし，「うまくいっていない」ということを自覚する必要はあります。

　教師と子どもの関係がよく，学級が安定していると，子どもたちは教師の授業に「付き合って」くれます。しかし，それで「自分の授業はうまくいっているんだ」と思ったら大間違いです。「自分の授業はうまくいっている」と思っているうちは，絶対にその教師は伸びません。

　私も初任のとき，そうでした。教師と子どもの関係がよく，学級が安定しており，授業も円滑に進められている……そう感じていました。「あれ，自分ってなかなか授業もセンスあるなぁ」と思っていました。

　しかし，今思うとその授業は「まったくダメ」レベルでした。

　例えば，挙手する子は限られていました。また，子どもたちの話し合いに口を出しすぎていました。このように，今振り返ると「ダメな点」をいくらでも挙げることができます。

　初任者が「うまくいっている」というのは幻想に過ぎません。

うまくいかないのは子どものせい「ではない」！

　そして，一番大切なのは，子どものせいにしないということです。すべて教師である自分の責任だ，という思いをもつことが大切です。

　「そんなの当たり前だ，自分は子どものせいになんかしない！」と思った

人がたくさんいるはずです。しかし，本当にそうでしょうか。

　担任するクラスの子どもが挨拶しない，返事をしない，掃除をサボる，宿題をやってこない，手を挙げて発言しない……これらはすべて担任の責任です。力のある教師が担任になればほとんどの場合解決される問題だからです。

　子どもが挨拶しない理由を，自分の指導力不足ではなく「近頃の子は挨拶しない」「あの子は恥ずかしがって挨拶しない子なのだ」と決めつけ，子ども側に責任を転嫁してはいけません。

　もちろん，初任者が担任するすべての子にしっかり学力をつけ，しっかり挨拶をさせ，しっかり返事をさせられるとは思いません。しかし，それを「子どものせいにしている」と，いつまで経ってもその教師は伸びません。

そうは言っても……

　子どものせいにしない，と言ってもすぐに子どもを伸ばすことは初任者にはできません。常に「敗北感」を感じることでしょう。**この「敗北感」をいち早く感じることが重要**なのです。クラスの子がしっかり挨拶できるようにするにはどうしたらいいか……と常に自分の頭を使って悩み，そしてそれを実行し，うまくいかなかったら代案を考え……というサイクルが非常に重要なのです。そして，この「敗北感」が教師を伸ばします。私も常に「敗北感」を持っています。だからこそ学びます。そして実践を振り返ります。私の尊敬する先生も，学級崩壊を経験し，それから教育という仕事に全身全霊をかけて打ち込み始めたとおっしゃっていました。今現在，第一線でご活躍の先生は，ほとんどが学級崩壊までいかなくても挫折を知っています。

　「うまくいかなくて当然！」と気楽に構えつつ，「うまくいかないこと」を自覚し，解決しようという情熱だけはもち続けてほしいと思います。

・初任者の「うまくいっている」は幻想である。
・子どものせいにしない教師だけが伸びることができる。

子ども，保護者，同僚から信頼を得る！

教師が関わる主な三者

　教師になる人はすべて「信頼される教師になりたい」と思っていることでしょう。

　しかし，教師であるからといって，無条件に信頼されるような時代ではありません。また，残念なことに教師が起こす不祥事が大きく報道されることによって，教師のイメージは今や失墜しているといってもよいでしょう。

　そんな中，「信頼される教師」になっていくには，信頼されるよう，意識して仕事に取り組んでいくしかありません。

　教師が主に関わるのは「子ども」「保護者」「同僚」です。

　これがすべて，とは言いませんが，「ほとんど」です。

　ですから，この三者から信頼されていれば，「信頼される教師」といえます。

子どもからの信頼が最も重要

　もちろん，子どもからの信頼が最も重要です。

　子どもからの信頼なくして教育は成り立ちません。

　子どもから信頼されるのはどのような教師なのでしょうか。いろいろ考えられます。「（授業などで）自分を伸ばしてくれる人」が最も信頼されると私は考えています。しかし，それは初任者には難しいことでしょう。他の面からも考えていく必要があります。初任者であっても，集団を率いることには変わりはなく，「頼れる人」であることが求められます。

　それでは「頼れる教師」とは，どのような先生でしょう。いくつもあると思いますが，ここでは初任が重視すべき三つを挙げておきましょう。

　まず，「トラブル（問題）を解決してくれる教師」です。クラスでトラブルが起こったとき，先生はどのように対応するのか，子どもたちは見ています。このときにアタフタしていると，「今度の先生は頼りない」と思われてしまいます。毅然とした態度で対応する必要があります。そのためにも，先述のように，「優しいけど，怒ると怖い」と言われるような教師でいる必要があるのです。トラブルをしっかり解決できると，子どもは信頼してくれます。

　それを表す例としてこんな経験があります。

　私は学生時代，学生ボランティアとして週に一日，ある学級に入っていました。そのクラスは学級崩壊しており，男子数人が教師の指示をまったく聞かず，授業中に立ち歩く，教室外に出る，机の上に足を上げているなど，授業が成り立っていませんでした。その教師は男子が悪いことをしても強く言えない関係になってしまっていました。たまに大きな声で怒るのですが，子どもはまったく意に介していない様子でした。そんな中，ある日，私の目の前で，ある男子が何もしていない大人しい女子の頭を引っぱたきました。私は見逃さず，「今，何をした。どんなことがあっても叩いてはいけない。謝りなさい」とかなり強く叱りました。男子ははじめヘラヘラしていましたが，私の迫力としつこさに，渋々ですが女子に謝りました。それからも，ボランティアとしての立場なので「出過ぎない」ことを意識しつつも，見逃さず，一つ一つトラブルを毅然とした態度で解決していきました。すると，私が学級に入っている時間は，一応授業が成り立つようになりました。子どもたちも私を信頼してくれ，あるときには，休み時間に職員室に「土居先生いますか？　男子がケンカしています」と，学生ボランティアである私を呼びにきたこともありました。（担任も職員室にいるのに私を呼びにきたこのケースは，担任を補助すべき学生ボランティアとしての立場としては，失格だと思いますが。）

　このように，「トラブルを解決できる」というのは，子どもの信頼を得ら

れる大きな要素の一つです。

次に、「ブレない」ということも「頼れる先生」の条件の一つです。

私もよく初任のときにやってしまいましたが、「指示を変える」ことが初任者にはよく見られます。例えば、授業で「気づいたことを三つ書きなさい」と指示をしたにも関わらず、その後「四つでも五つでもいいです」などと指示を変えてしまうことです。これでは、子どもたちは困ってしまいます。細かいことかもしれませんが、このようなことが重なってくると、「先生の言うことは変わることがあるんだ」「聞いても聞かなくても同じ」と子どもが考え始めます。こうなると「信頼」は一気に崩れていきます。

最後に、初任者は授業で子どもたちを伸ばして信頼を得るということが難しい分、子どもと「遊ぶ」ということが重要です。(このことについては後に詳しく述べます。)

子どもに信頼されれば、クラスは荒れませんし、基本的に保護者にも、同僚にも信頼されていきます。それくらい、子どもからの信頼が「すべて」なのです。

保護者からの信頼を得る！

保護者からの信頼なくして教師という仕事は成り立ちません。しかし、保護者と面と向かって話をする機会は面談や家庭訪問といった限られた場しかありません。その時間だけで信頼を得られればいいですが、初任者にはなかなか難しいでしょう。初任者というだけで、一部の保護者は「今度の先生は大丈夫かしら」という印象をもっているからです。

第一に、「子どもからの信頼を得ることに全力を注ぐ」ということです。基本的に保護者が心配になったりクレームを言ってきたりするときは、その子どもが不満をもっている場合が多いからです。保護者は基本的に、子どもの様子を見て担任やクラスを評価します。今年度になって子どもが明るくなった、楽しく学校に通うようになった、と思わせれば保護者は味方になってくれます。一方、今年度になってから学校に行きたくないと言いはじめた、

クラスで嫌なことがある，などという様子を子どもが見せている場合，保護者は「担任は大丈夫か」と思い始めます。子どもからの信頼を得るということは保護者からの信頼を得るという面でも非常に重要なのです。

　第二に，保護者に向けて「学級通信」を出すことを強くおススメします。管理職や学年主任に了承を得てから出すべきですが，了承を得られるのであれば，必ず出したほうがいいと思います。通信を出すというだけで，保護者に熱意が伝わりますし，学校での様子を伝えられ，安心してもらえます。（このことについては，「保護者編」で詳しく紹介します。）

上司，同僚から信頼を得る！

　最後に，一緒に働く同僚，上司から信頼を得る方法ですが，これもやはり「子どもからの信頼を得る」ことが一番の近道です。

　もちろん，挨拶，礼儀，マナーなどは社会人として重要であり，当たり前のことです。ですが，いくらこれらがしっかりしていたとしても，担任するクラスの子どもたちから信頼を得られず，クラスを運営していけないようでは，上司や先輩方から信頼を得ることはできません。

　「子どもの信頼を得る」ことは，「保護者」，「上司，同僚」から信頼を得ることでもある，と心して学級経営していかなくてはいけません。

　また，いくら学級経営が上手でも職員室では信頼されていない，という教師もいます。学校も組織です。社会人として，組織の一員として果たすべき責任と役割があります。初任者に求められるのは「ホウレンソウ（報告・連絡・相談）」です。これを怠って信頼を得られなかった初任者をたくさん見てきました。意識的に「ホウレンソウ」を怠らないようにしていきましょう。

・「子どもからの信頼」は，保護者，上司，同僚からの信頼につながる！
・ブレず，毅然として，一緒に遊ぶことで，信頼を勝ち取る。

初任者最大の武器は
「子どもと遊ぶ」こと

初任者の最大の武器「一緒に遊ぶ」

　教育実習や初任時代，指導教官や先輩から「とにかく子どもと一緒に遊べばいいんだよ」と何度も言われたのを覚えています。

　当時は，言われたとおり実行しつつも，「もっと授業のやり方とかを教えてほしいなぁ」とか「絶対子どもと一緒に遊んでいるだけじゃだめだよ……」と思いつつ，半信半疑で遊んでいました。

　しかし，初任から数年経った今，強く確信しています。

子どもと一緒に遊ぶことは，初任者の（ほぼ）唯一にして最大の武器である！

　逆に言うと，この「武器」を使わないのは「愚」です。使える武器はどんどん使ったほうがよいのです。

なぜ最大の武器なのか

　何度も述べてきていますが，初任者が，子どもを満足させるような授業をするのは難しいです。ですから，「授業で子どもをひきつける」というのは難しい，ということになります。

　初任者の授業では，子どもは十中八九「暇だなぁ」という状態になります。そのような状況の中，子どもが授業に「付き合ってくれるか，付き合ってくれないか」を決めるのは，「教師との関係性」であり，その「関係」を一緒

に遊ぶことでつくれるからです。

　潔く，**「授業は下手だけど，これからうまくなるようにがんばる！　その代わり今は子どもと遊んで，関係をつくることだけは徹して取り組もう！」** と決め，徹して続け，信頼関係を築くことです。

　実は，初任にとって「休み時間はすべて子どもと遊ぶ」ということは決して難しいことではありません。これが，数年経験を積んで，学年主任や委員会，応援団の担当などになると，休み時間がぎっしり予定で埋まってしまうことが多くなります。そうすると子どもと遊びたくても遊べない状況になってきます。ですから，「子どもと遊ぶことは，初任が生かすべき武器」なのです。

■ 子どもは「先生が遊んでくれること」を自慢する

　私は，初任時代，「休み時間はすべて子どもと遊ぶ」と決め，その通りに実行しました。

　今より授業は下手でしたが，子どもたちはついてきてくれました。今思えば一緒に遊んでいたからだと思います。

　一緒に遊ぶことで，子どもの人間関係が見えてきたり，教室とは違う子の活躍を知ることができたりします。

　そして，何より子どもからの「信頼」をつかむことができます。

　現場は多忙化しており，「毎時間一緒に遊んでくれる先生」は少ないのが現状です。私の勤務校でもそうでした。すると，「遊んでくれる先生」の存在がより際立ちます。

　私のクラスの子どもが，他のクラスの子どもに「土居先生は毎日遊んでくれるんだよ」と自慢している姿をよく目にしました。**これが重要です。子どもが担任のことを誇りに思い，自慢してくれるようになればしめたものです。**

　今思うと，初任時代の授業ベタの私がクラスを安定して運営できていたのは，「一緒に遊んでいたから」なのだなぁとつくづく思います。

子どもと遊ぶときに気をつけること

「子どもと一緒に遊ぶ」という武器も，使いようによっては子どもからの信頼をがっちりつかんだり，反対に失ったりすることもあります。注意点を四点，記しておきます。

第一に，ただ遊ぶだけでも効果は絶大ですが，もっと効果を上げるために，「尊敬されるポイントをつくる」ということを意識しましょう。

例えば，ドッジボールで絶対に子どもが取れないボールを投げる，のぼり棒を誰よりも素早くのぼる，将棋でハンデをつけて勝つ，鬼ごっこでクラスで一番足の速い子を捕まえる，などです。相手は小学生です。こちらが本気でやれば上に挙げたようなことは容易いと思います。何か自分に得意なことでいいのです。得意でないことは，「先生，ドッジボールは得意じゃないん

おー！いいね！
ナイスナイス！

だよね」と正直に言えばいいのです。それでも一生懸命やってくれる先生を子どもたちは好いてくれます。

　第二に「弱者への配慮の姿」を見せましょう。例えば，ドッジボールが苦手な子にパスしてあげ，投げさせ，「おー！　いいね！　ナイスナイス！」と思いっきり笑顔でほめる，などです。このような教師の姿から，子どもは学んでいくものです。そうすれば必ず「誰か女子で投げたい人いる？」と言って，自分がキャッチしたボールを渡す子が出てきます。そうしたらすかさず「○○くんはさすがだなぁ！」とほめます。このように，遊びを通して子どもの内面を育てることもできるのです。

　第三に「約束は守る，守れる約束しかしない」ということを心がけましょう。子どもは「この人は遊んでくれる！」と思ったらどんどん「約束」を取り付けてきます。「先生，中休みにドッジボールしよう！」「あっずるい！先生，昼休みは私たちと遊ぼう」などです。そうすると，必ず約束を忘れることが出てきてしまいます。子どもたちは「約束を破られた」ということに敏感です。信頼を失うことにつながりかねません。そのため，安易に約束はせず，しっかりとスケジュールを確認し，会議などが入っていないかどうかを確かめてから約束をするようにしましょう。そして一度した約束はしっかり守りましょう。このようなことも「子どもから尊敬される」ポイントです。

　ルールや遊ぶ内容などは，「子どもに任せておけばいい」と思います。

　子どもにとっては，自分たちの遊びに先生も入ってくれている，というだけでうれしいものだからです。

　第四に，自分から誘ってくるような活発な特定の子とばかり遊んでいるのではなく，教師から声をかけて，「様々な子と遊ぶように」しましょう。「外→中→外→中」と順番に巡るのも効果的です

- ・初任者最大の武器である「遊ぶ」ということをしっかり生かそう！
- ・安易に約束せず，一度した約束はしっかり守ろう。
- ・いろいろな子と遊んでみよう。

「効率性」を求めるのは悪いこと？

「効率性」という言葉，教育には合わない言葉だと思いませんか。

私はそう考えていました。

機械ではなく，人間であり，そして成長過程にある子どもがたくさん集まっている学校・教室において，「効率主義」の考え方を持ち込むのは危険であり，教育に関わる方々から毛嫌いされてきた言葉の一つだと思います。

しかし，教育を「子どもの可能性を信じ，力を伸ばすこと」（私の考えです）だとすると，本当にそこに「効率性」は必要ないでしょうか。

今の私の答えは，「必要である」です。

例えば，多くの教師が残業時間を費やす「テストの〇つけ」。

「何のため」にテストをやっているのか，を考えてみると，「子どもに学力をつけるため」に他なりません。教師の側から考えると，テストを採点し，集計することで子どもの学力を評価し，次の指導に生かしていく，「PDCAサイクル」の一角を担っているということです。次に，子どもの側から考えると，「自分のできているところとできていないところを把握し，次の学習に生かすため」であると考えられます。

だとすれば，「できるだけ早く」〇つけをした方が，子どもにとっても，教師にとっても「よい」ということになります。その方が教師もすぐに次の指導ができますし，子どもも早くテストを返された方がすぐに復習できます。

このように，「何のため」を考えると，効率性に行き着くのです。

学習指導の「効率性」

教師の主な仕事である学習指導。

これだって，本当は「効率性」を意識すべきです。

具体的に考えると，例えば，どうしたら「効率的に」子どもたちが漢字を習得できるか，どうしたら「効率的に」子どもたちが計算方法を習得できるか，などと考えるということです。

このように突き詰めて考えていくと，「本当に必要なもの」が見えてくると思います。例えば「九九は教科書の順番でなくて，違う順番で教えた方が効率がよくなるのではないか」など新たな発見もあることと思います。

「子どもに力をつけるため」という目的を忘れず，それを効率的に達成できる方法を自分なりに考えることが重要です。

学級経営の「効率性」

同様に，学級経営だって，効率性を考えるべきです。

学級を安定して経営するのは，「子どもが安心して学校に来て，自分の力を伸ばす機会を保証するため」です。

それをいち早く達成し，安定させるために「効率的」な方法を取ればよいのです。例えば，「学級全体に影響を及ぼす力のある子をしっかりおさえる」ということが挙げられます。もちろん，一人ひとりと公平に接することを否定するわけではありません，しかし目標達成のために，その勘所である「影響力のある子をまずおさえる」のです。（「おさえる」とは，押さえ込むのではなく，信頼を得て，教師の指導が入る状態にする，という意味です。）

・「効率性」を生むのは，「何のため」という問い返しである！
・学習指導，学級経営どちらも，効率性は重要である。

「テキパキ」を意識する だけで多くの「荒れ」は 防げる

「待つのが苦手」な子どもたち

　生まれたときからテレビやインターネット，スマホに囲まれて生きてきた現代の子どもたちにとって，「テンポの速さ」は非常に重要です。

　「クラスが落ち着かない」と困っている若手の先生のクラスを覗いてみると「テンポが遅い」と感じることが多くありました。

　テンポが遅いと，それだけで子どもはダレます。話を聞けなくなります。その後，友達にちょっかいを出すなど余計なことをし始めます。荒れにつながっていきます。

　逆に言うと，テンポが速いと，それだけである程度子どもは集中できます。話を聞けることが増えます。

　このことは教育界では昔から言われ続けていることで「空白禁止の原則」という言葉で向山洋一先生が以前から主張されています。

テンポを変えて授業をしてみた

　クラスでこんな実験をしてみたことがあります。

　算数のほとんど同じ展開の授業で，自分の中で「テンポ」を変えて授業をしてみて子どもたちの様子を観察してみたのです。

　一時間は意識的にテンポよく，もう一時間は意識的にダラダラやりました。見事なまでに子どもたちは姿が違いました。

　テンポのよい一時間では集中して課題に取り組み，挙手も多かったのに対

し，ダラダラした授業では，子どもたちもダラダラし，ほとんど挙手もありませんでした。テンポの重要性を改めて実感したときでした。

テンポはあらゆるところに

テンポは授業だけではありません。

例えば朝の会，帰りの会などでの一日の予定を話すとき。行事の際の指示の出し方。けんかの仲裁に至るまで……。学校生活の一日の中で「テンポよく」を意識することで，お互いが心地よく過ごすことができるのです。

テンポを生み出す

テンポのよさを生み出す秘訣はなんでしょうか。

第一に，「話す内容を決めておく」ことが重要です。何を話そうか迷っている段階で話し始めると，絶対に取りとめもないダラダラした話になります。最低限，「これとこれとこれを話そう」と決めておくことです。

第二に，「一文を短くすること」です。これは分かりやすい文章を書くときにもよく言われることですが，話すときも同様です。「時間になったら水筒と赤白帽子を持って5年の集合場所の池の前に4列で並んで座って待っておきましょう」と言うよりも，「時間になったら水筒と赤白帽子を持って外に行きます。5年生の集合場所は池の前です。4列に並びます。座って待ちましょう」と伝えたほうが分かりやすくなります。一文ごとに区切れることで，テンポが生まれます。

第三に，授業においては「終わった子がすること」をあらかじめ伝えておくことが重要です。そうすることでダラダラする「空白」が生まれるのを防ぐのです。すべての子が何らかの課題にしっかり取り組んでいることで，授業に緊張感と充実感が生まれます。そのようなクラスは荒れません。

> ・とにかく初任者は「テンポ」を意識せよ！
> ・「予定」「一文を短く」「間を与えない」でテンポを生み出せ！

安全・安心のクラスづくりを目指す！

安定した学級経営＆子どもとの関わり編

初任者がまず目指すべきは「安全」「安心」なクラス

「安全」「安心」欲求を満たすこと

　マズローの欲求5段階説という理論があります。

　人間の欲求は，5段階に分かれるというものです。低次から「生理的欲求」「安全欲求」「社会的欲求」「承認欲求」「自己実現欲求」の5つです。

　初任者はまず子どもたちの「安全の欲求」を満たすクラスをつくることを心がけるべきです。子どもたちは学習するために学校に来ます。**「このクラスなら安心して勉強できる」と子どもに思わせる**ことに徹しましょう。

　私が初任で受け持ったクラスには，前年度学級崩壊したクラスに所属していた子がいました。「安全・安心」の学級経営を心がけた結果，その子は「前のクラスは授業中にうるさくて本当にいやだった。今年のクラスでは授業に集中できる。うれしい」と前期の振り返りシートに書いていました。

　「安全の欲求」が満たされない状況というのは，秩序が乱れている状況ということです。そのような中では，子どもたちの関心事は「いかに自分が被害者にならないか」ということになってきます。「勉強をがんばるぞ」とか「お楽しみ会で楽しい企画をするぞ」という気持ちなど湧いてこなくなるのです。

子どもたちに伝えるべきこと

　担任になって初日には，「先生が許さないこと」を話すとよいでしょう。

　そして，それは「安全の欲求」を保障するためのものであることが求められます。教師として「ここだけは絶対に譲れない最低ライン」だからです。

　野口芳宏先生は，「先生が許さないこと三つ（叱る三原則）」として，「生命に関わる危険」「他人の不幸の上に自分の幸せを築くこと」「三度同じことを注意されているのに反省と改善の様子が見られないとき」を挙げています。（「三つの原則と「受容」の大切さを説く」『授業力＆学級統率力』2013年7月号，明治図書）

　この三つは非常に分かりやすく，そして重要なことです。

　参考にしつつ，自分なりの「許さないこと」をつくりましょう。私は，「いじめ」「危険」「けじめ」と伝えていました。

言うだけでなく，行動で示すこと

　子どもに伝えるだけで行動で示さなければ，「安全」「安心」は守れません。

　例えば，「いじめは許さない」と言っておきながら，子どものちょっとした差別的発言を見逃す，「同じことを三回注意されても直さないことは許さない」と言っておきながら，平気で何度も何度も注意することなどです。

　子どもたちの「安全」「安心」を守ることは教師として絶対に譲れない最低ラインです。これを脅かされるようでは子どもを伸ばしていける教師になどなれません。ですから，**もしこの最低ラインすら脅かす子どもの言動があれば，徹底して潰さなくてはいけません。絶対に許してはいけません。本気で叱ります。**

　そして，それはなるべく「早いうち」に潰すのが重要です。クラス全体のいじめになる前に早く。命の危険につながるような遊びが見られたらすぐに手を打つ。当たり前のことのようですが，初任者は意外とこのような兆候を見逃しがちです。それらを見逃していると，どんどん事態は大変なことになっていきます。

・初任者は「安全」「安心」のクラスづくりを目指すべき。
・子どもたちに言葉で伝え，言動で示せ！
・「安全」「安心」は最低ラインであり最重要ライン。全力で死守せよ。

子どもをよく見て兆候を察知せよ

「安全」を脅かす子どもの兆候

　子どもたちには何があっても「命の危険」があってはなりません。とは言っても子どもは基本的にスリルや危険を求めるものです。

　重大事故につながりかねない子どもの行動，教室の環境の例を以下に挙げておきますので注意してみてください。

【兆候例】

・紙飛行機など，予期せぬ動きをするもので教室の中で遊んでいる

・椅子を引くいたずらをしている

・雨で校庭が使えないのに休み時間明けに汗をかいている

・棚の上に乗って掃除している

・ハサミや彫刻刀を人にふざけて向ける子がいる

　基本的にはダレているときに重大な事故は起きます。**緊張感のある，ハリのある生活，授業を送っていると事故は起きにくいもの**です。逆に言うと，しょっちゅう子どもがケガをしたり，窓ガラスが割れたりするクラスは決して偶然ではなく，子どもたちがダレていて，学級経営が上手くいっていない証拠です。教師がしっかり目を行き届かせていく必要があります。

　重要なのは，教師が直接見える範囲は限られているということを自覚することです。教師の目がないところで事故は起きるものです。ですから，目の前に見えていることだけでなく，考えて「兆候」を見つけていくのです。

　例えば「雨の日なのに汗をかいている」というのはなぜ「兆候」として挙

げられると思いますか。

　休み時間に外に行っていないのに汗をかいているということは，室内で走り回っていた可能性が高まります。ですからこのような子がいた場合，「〇〇君はどうして外に行けないのにそんなに汗をかいているのかな」と聞いてみることです。おそらく「ギクッ」とした顔をするはずです。

「安心」なクラスづくりを脅かす子どもの兆候

　いじめが無く，授業が滞りなく進められて，教師よりも権力のある子どもの存在に他の子がビクビクしていない。そんな「安心」のクラスを初任者は目指すべきです。そのようなクラスづくりを脅かす兆候を示しておきます。

【兆候例】

・多くの子どもが顔色を伺っている子（裏のボス）がいる
・教師が全体に話をしているときに，割り込んで話をしてくる子がいる
・グループをつくるときに，いつも余ってしまう子がいる
・特定の子が机を離されたり，掃除のときに机を運ぶのをみんなが嫌がったりしている
・休み時間にいつも担任のところに来る子がいる
・授業にわざと遅れてくる子がいる
・一人の失敗を笑ったり，バカにしたりする雰囲気がある

　挙げればキリがありませんが，特に初任者が見逃しがちなのが「教師の話に割り込まれている」ということです。続けば，「やりたくねーよ！」とマイナスな発言を不規則にするように「進行」してしまいます。もし，上のような事態があれば，それは絶対に放っておいてはいけません。**今の「兆候」から放っておくとどのように「進行」してしまうかをよく考える**のです。

・安全と安心を脅かす兆候に敏感であれ！
・兆候に敏感になるには，子どもをよく見て，目の前の行動の「裏」や「進行」を考えていくべし！

はじめは「怖い先生」と思われるくらいでちょうどよい

「先生は怒らないんだと思ってた」という一言

初任のとき，子どもから「土居先生は怒らないんだと思ってたよ」と言われたことがあります。授業中にある子どもが友達のことをバカにする発言をしたとき，初めて本気で叱った後のことです。そのように私に話してきた子の表情は決して悪いものではありませんでした。子どもは優しいだけの教師を求めてはいないのです。

時には「怖い先生」が安全・安心を保障できる

初任者にありがちな間違いは，子どもから好かれようとし過ぎることだ，とChapter1で述べました。

子どもたちに「優しいなぁ」とか「親しみやすいなぁ」と思われ，好かれるのは後からでも，いくらでもできます。しかし，「この先生は厳しい」とか「怖い」などと後から思われるのは至難の業です。

「優しい」より「厳しい」と思われるべき，と言いたいのではありません。

目的は子どもにどう思われようと，**「安全・安心のクラス」をつくることです。これができれば，初任者の一年の９割は成功といえる**からです。

そして，私の経験上，「厳しい」「怖い」と思われている方が，クラスを「安全・安心」にしやすいのです。

「厳しい」「怖い」といっても，怒鳴り散らすわけではありません。

先生が許さないことに対しては毅然とした態度でしっかり対応する，とい

うだけのことです。

　「許してはいけないことを決して許さない」だけでいいのです。

　子どもですから過ちは必ずあります。

　そんなとき，毅然とした態度でそれはダメだと言うことを心がけましょう。

■ 後からいくらでも「優しいなぁ」と思ってもらえる

　はじめ，「厳しいなぁ」「〇〇先生は怖いなぁ」と思われても，後からいくらでも「本当は優しかったんだ」「本当は面白かったんだ」と思ってもらえます。

　これが子どものいいところです。

　大人の場合，一度関係がこじれたり，きつい言葉を言ってしまったりすると，関係が二度と元に戻らないことがあります。

　しかし，子どもの切り替えは本当に早いものです。

　さっきあれだけ叱ったのに，5分後には「先生，先生」と笑顔で話しかけてくるものです。

　しかし，はじめのうち「優しく」しておいて，後から「厳しく」するのは，子どもも許してくれません。はじめのうちは注意しなかったのに，後からやっぱり「ダメだ！」というのは通用しないのです。ダメならばダメで，はじめからきちんと「基準」を示しておく必要があります。（この「基準」はp.42のように「先生が許さないこと」などとポイントをしぼってあらかじめ示すのです。）

　そして，子どもも大人も，厳しいだけの人は好きにはなれないでしょう。

　はじめは「厳しく」しつつ，しっかりと安全・安心のクラスづくりを進め，段々と教師の個性や面白さを出していって「本当は優しいんだなぁ」と思わせていった方がよいでしょう。

> ・「厳しい先生」の方が子どもの安全・安心を保障しやすい。
> ・後からでも「優しい」と思ってもらえる。

叱るのは悪ではない，
然るべきときに叱り，
信頼を得よ！

叱れない──初任者の悩み

　初任者の悩みの一つに「子どもを叱れない」というものがあります。特に女性の先生に多いようですが，男性にも増えてきているように感じます。

　原因は様々考えられますが，一番は「自分があまり叱られたことがない」ということだと思います。

　叱られたことがないからこそ，人にどのように叱ったらいいか分からない。もしくは，叱られたことを今では感謝しているという経験がないからこそ，叱ったら嫌われて，関係が崩れると思ってしまうのだと思います。

　しかし，初任者時代から，子どもを叱らずにクラスを安全・安心に運営していくことは非常に難しいといってよいでしょう。

　適切な叱り方について考えてみましょう。

どのようなときに叱るか

　叱るのは，まず，先に挙げたような「安全・安心のクラス」づくりを脅かされるときです。それは，その子自身にとっても，他の子にとってもよくないからです。

　このような場合は，全体の前で叱ります。

　クラス全体の秩序に関わることだからです。

　一方，個人の問題の場合があります。忘れ物や，宿題，友達とのトラブルなどです。

これらは多くの場合全体の秩序に関わるような問題ではなく，個人の問題です。これを全体の前で叱るのはよくありません。その子のプライドを傷つけることになりますし，全体からもそのような目で見られる機会をつくってしまうことにもなります。ですから，このような場合は個人的に呼び出し，個人的に話すべきです。

効果的な叱り方

　全体の前で，全体の秩序に関わる問題を叱るとき，**「迫力」がなければあまり意味がありません。**

　「安全で安心なクラスを保障する」という教師の意地を見せなくてはいけません。汚い言葉遣いなどはしてはいけませんが，大人の怖さを見せるつもりで叱るのも必要でしょう。

　叱っている子どもも当然ですが，そうでない子どもたちにも，「先生はこれをしたら怒るんだ」と強烈に印象を与える必要があります。

　そのような行動をしそうな子にとっては「抑止力」に，被害を受けそうな子にとっては「希望」を与えることになります。

　一方，全体の前でなく個人的に叱るときは，恐怖をなるべく感じさせないように叱るべきです。

　忘れ物，宿題，友達とのトラブルなど，恐怖で何とかなるのであればもうとっくに何とかなっているからです。

　諭して，頭でしっかり理解させてあげられるようにすべきです。子どもが本当に納得して，「きちんとやっていこう」とか「もうやめよう」と思えるように冷静に話すべきです。そして子どもの様子をよく見ましょう。反省しているようなら，こちらはむしろ優しく笑顔で話すと効果的です。反省していないようなら，少しこわい顔で厳しめに話すようにしましょう。

・**叱るべきときは「全体の問題」と「個人の問題」がある。**
・**それぞれに応じて叱り方を変えるとよい。**

自分がつくりたいクラス
を明確にする

「自分がクラスを進めていく中心である」と自覚すること

　子どもの個性や主体性が尊重される時代です。

　教師が何から何まで決めてしまうのはよくない，もっと子どもの自主性を伸ばすべきだ，と言われる時代です。

　確かに，一理あります。

　しかし，だからといって，すべて子ども任せにするのはただの「放任」です。放っておいて秩序が成立し，安全・安心のクラスができあがるわけではありません。

　どこまでいっても，**クラスを仕切り，クラスを動かしていくのは教師です。**子どもの自主性が叫ばれる今だからこそ，教師がクラスに対して責任をもち，しっかりこのことを「自覚」していかなくてはいけません。

「安心・安全のクラス」を達成した上で……

　「自分がつくりたいクラスはこんなクラスだ！」という概念を，ハッキリと自分の中にもつことが重要です。

　これがないと，指導が行き当たりばったりで，筋が通らなくなります。

　学校で教師がとる行動の一つ一つには「意図」があるべきです。

　まずは，何度も述べているように「安全・安心のクラス」を目指すべきです。

　これが達成できたら上のレベルを目指していくことです。

　例えば私の場合，初任のときは「安全・安心のクラス」に加え，「笑顔のあるクラス」を目指していました。

　そのためにすきま時間などに取り組んでいたのが「お笑いテスト」と「大喜利大会」です。

　「お笑いテスト」は，子どもがテストに面白い答えを書いていくのです。

　例えば，「授業に大遅刻！　先生に一言」「富士山の頂上に謎のボタンが！押すと何が起きる？」などのお題に子どもたちが紙に答えを書いていくのです。ある程度の時間が過ぎたら紙を回収。私が目を通して，面白い答えを発表していきます。

　このとき，名前を公表してもいい子は名前に〇をつけるようにしていました。意外と大人しい女の子が面白い答えを書くものです。そのような答えをみんなに発表し，みんなで笑顔になります。この「お笑いテスト」は子どもたちに大人気でした。

　また「お笑いテスト」が定着した後は，「大喜利大会」です。

　紙に書いていた面白い答えを，その場でホワイトボードに書いて発表していくものです。

　はじめは目立ちたがり屋の男子しか出てきませんが，続けると女子も出てくるようになりました。みんなの前で答えを発表し，みんなで笑い合ってとてもいい雰囲気になります。

　このように，根本は「安全・安心」ですが，その上で，自分がつくりたいクラスを明確にし，それに応じた実践をしていくのです。

　実は教師の醍醐味はこのような「安全・安心」を達成した後の取り組みであると思っています。楽しみながらいろいろ取り組みましょう。

・教師が「つくりたいクラス」をもつことで実践が生まれる！
・「安全・安心」を達成しつつ，さらに「自分のつくりたいクラス」を目指そう！

「目標」を達成させよ！

子どもは最初は「群れ」である

　子どもたちはクラスが結成された年度はじめは「群れ」です。つながりがなく，単に一緒にいるだけ，という具合です。

　一方，クラスとして機能し始めると，「集団」になってきます。一人ひとりのつながりが強化され，みんなで力を合わせることが可能になります。

　このように，教師は「群れ」を「集団」へと育てていく必要があります。それを自覚し，そのための手を打っていきましょう。

並ばせるとすぐに分かる

　その集団が「群れ」であるか，「集団」へと育っているかどうかは，教室移動の際に並ばせてみればすぐに分かります。

　「群れ」の場合，いつまでもダラダラしていてまっすぐに並べません。おしゃべりがとまりません。

　「集団」の場合，サッと並び，まっすぐ並ぶことができます。私語はすぐになくなります。

　たかが「教室移動」ですが，されど「教室移動」です。

　クラスの育ちが一目瞭然に表れます。

　このようなことを放っておくか，気づいて指導できるかどうかが「群れ」を「集団」へと育てていくことにつながります。

一つの目標に向かって取り組ませる

　私は学生時代，ずっとサッカー部に所属し，全国大会出場を目指して日々仲間とサッカーに明け暮れていました。「一つの目標に向かって団結した集団の絆は強い」という実感があり，その仲間とは今でも深い絆があります。

　学級でもこの法則を応用できます。

　例えば，クラス全員で長縄に取り組むことが挙げられます。

　はじめは連続とびができなかった子ができるようになり，クラス全体の記録もどんどん伸びていきます。

　また，続けていく途中で必ず，友達に対する言葉がけ，態度などでケンカやトラブルが起きます。

　そのトラブルを乗り越えていくことでクラスのつながりも強くなり，より望ましい「集団」へと成長していきます。

　記録を達成したときは思いっきりみんなで喜び合い，お楽しみ会や席替えなどを行うとよいでしょう。

　また，野中信行先生が提唱する「目標達成法」という集団づくりの方法があります。非常に分かりやすく，簡単に取り組め，初任者におススメの方法です。

　詳しくは巻末に紹介している「初任者必読書」の中の野中先生の本をお読みいただければと思いますが，これもクラスで目標を決め，それを全員で達成できたらポイントが加算されていき，そのポイントに応じてお楽しみ会などができる，というシステムです。

　取り組んでみると，子どもたちが「自分たちで注意し合う」ようになります。こうなれば，しめたものです。先生が何も言わなくても自分たちで自分たちをよりよくしていく自治的な「集団」へと成長していきます。

・しっかり並べるかどうかで群れか集団かが分かる！
・一つの目標を設定し，それを達成しつつ集団にすることを目指そう！

初任者におススメシステム

一人一役当番＆
一人一役掃除

当番と係とを区別する

　子どもたちが安心して日々を過ごせるのに欠かせないのが，子どもがいつどのように動くかが明確になっている「システム」づくりです。給食，そうじ，朝の会などがこれにあたります。ここでは当番と係のシステムについて考えてみましょう。

　当番とは，黒板消し当番，配り当番など「学校生活に不可欠な仕事」をするものです。これがないと学校生活が進んでいかないというものです。決まった仕事を毎日行うものです。仕事内容は教師が決めます。

　一方，係活動とは，遊び係，お笑い係など「学校生活をより充実させる仕事」をするものです。なくてもいいのだけれど，あったら楽しいなというものです。決まった仕事をするのではなく，何をするか企画し，実行する日も自分たちで決めて行うものです。

　初任者はまず，この当番と係とを区別することから始めることをおススメします。よくあるのが，ごちゃまぜにして，一括りに「係」として扱っているケースです。「黒板を消す係」と「お笑いを考える係」とでは，意味合いがかなり違います。黒板消しならば毎日仕事があり，やらなくてはみんなに迷惑がかかります。しかしお笑いであれば，毎日やらなくてもよくて，やらなくてもみんなに迷惑はかかりません。そうすると，毎日働いている子もいれば，そうでない子もいるということになります。

　このような「不公平」を生まないためにも，当番と係とを区別して考えて

いくとよいでしょう。

初任者におススメは「一人一役」システム

　しっかり育っている子どもたちでなければ，掃除や当番を自分たちだけできちんと行うことはできません。必ずサボる子がいます。

　私も初任のとき，掃除の時間，教室，特別教室，階段と担当場所をグルグルと回っていました。私が見ているところでは渋々やっていて，見ていないところではほうきを振り回して遊んでいる様子でした。まるで「もぐらたたき」だったのを覚えています。

　これでは，真面目にやっている子がかわいそうです。どうにかしないといけません。

　そこで初任者におススメなのは，**「一人一役システム」**を取り入れることです。

　一括りに「階段掃除」とか「黒板消し」としていても，必ずその中でがんばっている子もいれば，サボっている子もいるはずです。これでは不公平です。そこで「一人一役システム」の出番です。

　「階段掃除」で四人だとすれば，一人はほうき，一人はちりとり，一人は床ふき，一人は手すりふきなどと，一人一役にするのです。

　「黒板消し」であれば，一時間目，二時間目，三時間目……とそれぞれに，一人ずつ担当の時間を決めるのです。

　私の初任時のクラスでは，一人一役にしただけでグッとサボりが減りました。理由として考えられるのは，役割を明確にすることで，責任の所在が明らかになるということです。

　今までは黒板が消されていなかったら「黒板係」の責任だったのが，2時間目の黒板が消されていなかったら「2時間目担当の〇〇くん」の責任になるということです。

　そうすることによって，教師が注意しなくても，子どもたち同士で「〇〇くん黒板消してないよ」などと注意し合うようになります。今までは教師が一人で注意していたのを，子どもがやってくれるようになるのです。

　一人一役の当番を，クラスの人数分すべて教師が考えるのはなかなか大変なことです。以下は，私が初任のときに使っていた一人一役当番表です。参考にしてみてください。

子供の名前が入る		
	電気消し	教室移動の時や下校のとき，電気を消す。
	くばり（朝）	朝，配布物を配る。
	移動・整列	教室移動の時や整列の時，みんなを静かに並ばせ，移動する。
	机チェック	机がきれいに並んでいるかチェックする。
	日付	下校前に，次に学校に来る日を書き，日直を書く。
	黒板（一時間目）	一時間目終了後，黒板と黒板消しをきれいにする。
	まど閉め	下校前や雨が降ってきたときなどに窓をしめる。
	燃やすごみチェック	下校前に燃やすごみ箱の中身をチェックする。袋をかえる。
	宿題（帰り）	帰りの会までに先生に宿題を聞き，黒板に書く。
	給食（班呼び）	給食のとき，みんなを静かに座らせ，静かな班から呼ぶ。
	くばり（そうじ後）	そうじ後，配布物を配る。
	電気付け	教室移動の時や，朝，電気をつける。
	まど開け	朝登校した時やそうじの時，窓を開ける。
	黒板（四時間目）	四時間目終了後，黒板と黒板消しをきれいにする。
	名札チェック	朝，名札をつけているかを，帰り，名札を外しているかチェックする。
	ぞうきんチェック	ぞうきん干しがきれいに干されているかチェックする。
	落し物	帰りの会の後，落し物がないか調べ，誰のものか調べ，渡す。
	黒板（二時間目）	二時間目終了後，黒板と黒板消しをきれいにする。
	黒板（五時間目）	五時間目終了後，黒板と黒板消しをきれいにする。
	お助け	先生のお助けをする。困っている人のお助けをする。
	ろうかフックチェック	ろうかフックから落ちているものはないか確認する。
	宿題（朝）	宿題を提出している人をチェックする。
	給食当番チェック	給食当番のチェックをする。
	出席調べ	出席調べファイルを保健室に持っていく。
	黒板（最後）	帰りの会が終わったあと，黒板をきれいにする。
	移動・整列	教室移動の時や整列の時，みんなを静かに並ばせ移動する。
	プラスチックゴミチェック	下校前にプラスチックゴミ箱をチェックする。袋をかえる。
	黒板（三時間目）	三時間目終了後，黒板と黒板消しをきれいにする。
	時計	時計を見ながら，時間になったらみんなや先生によびかける。

　一番左には子どもの名前が書かれています。このように一覧表にしておけば，責任の所在は一目瞭然です。そして，仕事が終わったら，教室の背面黒板に貼られているネームプレートを裏返しにする，というシステムにしておきます。

掃除も一人一役で！

掃除に関しても同様です。

サボる子の多くは，**何をするか役割を明確に決めてあげることでやるように**
なります。そして責任も明確になるので，教師がいちいち見張っていなくて
も，子どもたち同士で注意し合えることが増えます。

掃除に関しては，通常，班ごとに担当場所を決めていることと思います。

その班の中でさらに細かく区切ると「一人一役」になります。

少し考えるのが面倒ですが，はじめはこのシステムの方が安定します。

一人一役システムの限界

このように見てくると，一人一役システムは利点しかない完璧な方法のよ
うに思えます。

しかし，数年続けてみると分かりますが，一人一役にも限界はあります。

それは「**自分の与えられたこと以上をやる子に育たない**」ということです。
役割と責任が明確ですので，放っておいてはサボってしまうはじめの段階や
育っていないクラスでは有効かもしれません。初任者のクラスでは，普通に
やるより必ず有効だと言えます。しかし，役割と責任が明確ゆえ，決められ
たことをやっていればいいや，という態度にもなってきます。例えば黒板が
消されていなくても，自分が消そうというのではなく，「誰だよ，黒板4時
間目は！」などと言って係表を見て，注意する，というようになってきます。
サボりが横行しているよりははるかに「マシ」ですが，何も言わずに黙って
サッと消すというような子は育ちません。システム上それはできないのです。

このように，どんなシステム，方法も完璧ではないのです。それを知った
上で次の方法を考えていくのが初任者の「次のステップ」です。

・係と当番を分け，仕事が偏るのを防ごう！
・子どもたちが自分たちで動けるシステムを目指そう！
・「一人一役」の限界にも気づこう！

初任者にありがちな失敗例①

一人にかかりきりになる

■ 休み時間明けに泣いている子がいる

　休み時間は子どもにとって自由で楽しいものですが，自由だからこそ，トラブルも起こりがちです。

　そのため，休み時間明けに多いのは，泣いている子がいることです。

　ここまではよくある話なのですが，重要なのは，そのとき教師がどう対応するか，ということです。

　初任者や若手の先生に非常に多くありがちなのは，「その子にかかりっきりになってなぐさめたり，事情を聞いたりする」という対応を取ることです。

　しかも，私もそうでしたが「一人を大切にすることが重要である」という一見正しい「固定観念」がこの対応の裏には存在するから厄介です。

　ですが，この対応は，ハッキリ言って「まずい」です。

　まず，子どもは泣いているので，うまく話せません。だから事情を聞くのに非常に時間がかかります。そして，話せば話そうとするほど，ひどく泣くようになり収集がつかなくなります。

　そして何より悪いのが，その間，授業が始められずに他の子がヒマになり，おしゃべりをしたり遊び始めたりするのです。

　一人が泣いていたら他の子も心配して静かに座っているだろう，と思ったら大間違いです。

　子どもが泣くのは子どもにとっては日常茶飯事です。他の関係のない子にとってはどうでもいいことです。

　他の子がすぐに遊び始める。そして泣いている子の問題も解決しない……。私はすぐに「一人にかかりっきりになる」のをやめることにしました。

放っておいてすぐに授業を始める

　私は，すぐに授業を始めることにしました。

　泣いている子には，「〇〇さん，泣き止んだらあとで話を聞くからね」と一言フォローを入れておいて授業を始めました。

　すると，その子は5分ほどで泣き止み，教科書とノートを取り出し，授業に参加し始めたのです。

　事情を聞いていたときはもっとひどく泣いていたのに，「あとで話を聞く」という一言で済ませたときは，勝手に泣き止んでいました。

　授業後，その子どもを呼んで，話を聞くと，「えー，もう忘れちゃった」と。

　些細なことであればこの対応でいいんだ，と実感しました。

　もちろん，一概には言えず，深刻な事情がありそうなときはしっかり話を聞く必要があります。その場合もまずは全体に指示を出して，やることを与えてから話を聞いたほうがよいでしょう。

　すぐに授業を始めることは，その他の子どもに対しても，「授業時間はしっかり確保する」というメッセージを伝えることにもなります。

　この事例から分かることは「一人よりもまずはクラス全体」ということです。これは，授業中にも当てはまります。「分からない」と言っている子一人にかかりきりになってはいけません。

　もちろん「一人」は重要です。

　ですが初任者は「クラス全体」という視点を忘れがちです。その他の子も同じ「一人」なのです。

・一人にかかりきりになって全体が放ったらかしになっていないか。
・まず，全体を動かす！　個人に対応するのはそのあと！

初任者にありがちな失敗例②

一度言ったことを曲げてしまう

これで決まり……のはずが！？

　初任の５月。クラスで学級目標を決めていました。大体案が出尽くしたので，私は次のように話しました。

　「みんないい案を出してくれましたね。本当はすべて採用したいんだけど，そうはいきません。多数決で決めようと思います。意見①〜④のうち，一度手を挙げてください」

　手を挙げさせてみると，①は12人，②が11人でした。以下，③，④は数名でした。

　①の意見を出したＡ君は大喜びでした。多数決であれば人数が多いほうで決まりなので普通は12人の①で決まりだからです。

　しかし，私はこのとき，「一人差」に引っかかってしまいました。

　②という意見も多くの子が選んでいる。たった一人差で決めてしまってBを選んだ子は不満に思わないだろうか……。このように考え，次のように話をしました。

　「多数決では①に決まりなんだけど，②もたくさんの人が選びました。②を選んだ子，なぜ選んだか教えてくれない？」

　すると，②を選んだ子が数人手を挙げ，②のよさを熱弁しました。他の子どもたちはそれを聞いていて，「なるほど」などと声を上げていました。私は，

　「みんな，②のよさも分かったみたいだね。それでは，一人差だったわけだし，①か②かでもう一度多数決をしましょう」

と投げかけました。

　すると A 君は「えー！　なんで！？　いやだよ！」と声をあげました。

　今考えると，当然です。一度決まったと思ったのに，もう一度やると私が言い出したからです。

　明らかに不満そうな A 君の顔。そして，他の①を選んだ子も不満そうでした。また，一度決めたことをもう一度やることでクラスの空気もダレていました。結局，もう一度多数決をとり，①に決まったのですが，明らかな失敗でした。

一度決めたこと，言ったことは曲げない

　子どもたちは，「一度決まったのに」「先生ははじめこう言ったのに」という不満がたまってくると，「何でもいいや」とか「先生の言うことを聞いても無駄だ」という気持ちになってきます。

　上の例の私は「迷い」があるからこそブレ，一度決めたことをこねくり回して結局，多くの子どもに不満をもたせてしまっています。

　このような「迷い」を持たないためにも，見通しをもって指導にあたり，行き当たりばったりにならないように指導すべきです。

　この場合，「多数決」で決めてしまう，ということ自体に迷いがあり，指導のブレにつながったと思います。意見と意見をすり合わせて折衷案をつくるなど，他の方法を考えておかなかった，見通しのなさが原因です。

　子どもたち数十人を動かすわけですから，しっかりと見通しをもって，迷いのない指導をするべきです。授業を構想するときも同じですが，「もし子どもの意見が A に偏ったらこのように切り返そう」などと構定してから子どもの前に立つことです。そうすればめったなことがない限り，一度言ったことを曲げずにすむはずです。

・めったなことがない限り一度言ったことは曲げない！
・見通しがないからこそ「ブレる」のである。

初任者にありがちな失敗例③

子どもの「試し」に気づかず，放っておいてしまう

多岐にわたる子どもの「試し」

　Chapter1で，あだ名で呼んでくる子どもの「試し」について述べましたが，**初任者は，「試し」という概念を知り，それに気づくことが重要**です。

　「試し」行動とは，子どもがわざと常軌を逸した行動をして，新しい担任がどのように対応するかどうかを見て，値踏みする行為です。

　まずなんといっても，はじめは**「タメ口」**でしょう。

　敬語を使わせなくてもメリハリをつけられる教師も多くいます。ですが，「授業中」は「公の時間」ですから，敬語を使わせるようにしましょう。授業以外は友達のような感覚でも，授業中は「教える者と教わる者」という線引きをしっかりしておきましょう。子どもたちに説明することも重要です。

　次に，**「前の担任，クラスのことを持ち出す」**という「試し」があります。教師のやり方が気に食わない場合，「前の先生はいいって言ってた」などと口にして教師がどう対応するかを見ている場合があります。この場合，まったく慌てる必要はありません。むしろ慌ててはいけません。平然と表情一つ変えず，「あぁそうなんだ。でも先生のやり方は違うんだよね」と言えばいいのです。必要ならばその理由も理路整然と話せば問題ありません。こんなことで子どもは教師のことを嫌いになりません。万が一，仮に嫌われたとしても，全体の秩序を保つ方が優先です。

　また，先に触れましたが，**教師が話しているときに口を挟んで質問をしてくる**，というのも「試し」です。これを許していると，授業中に自由に自分

の思ったことを言うようになってきます。時には「つまらないからやめよう！」などと言ってくるようになります。この場合，はじめに「先生が話しているときは口を挟みません。質問は後で受けます」と言っておき，その上で口を挟んで質問してくる子に対しては**「無視」**をするのが**一番有効**です。

　授業に遅れて来る，というのも「試し」でやっている可能性が高いです。一番はじめを許してはいけません。なぜ遅れたのかと謝罪に来させます。

他の子の視線が集まる一瞬

　このような「試し」行動の際，他の子どもの目線が一気に教師に集まります。「この先生はどんな風に言うんだろう。怒るのかな」などと値踏みするためです。ここでの教師の対応は，「試し」行動をしている子に対しても重要ですが，それ以上に，その他の子どもに対して重要になります。教師はこの「視線」が集まったのを感じながら，「おぉ，注目している，注目している」ぐらいの余裕をもって対応しなくてはいけません。

対応の方針

　まずは，「試し」行動であると**「気づく」**ことが**最も重要**です。例に挙げたもの以外にもたくさんの種類がありますが，「教師を試しているな」とすぐに気づけるようにしましょう。

　次に，**「余裕をもつこと」**です。決してアタフタしてはいけません。他の子どもが教師を注目していることを確認しつつ，他の子にも言うつもりで指導しましょう。このとき，力でねじ伏せるのではなく，その行為の悪さを頭で理解させるようにしましょう。声を荒げる必要はありません。

　最後に**「チャンス」でもある**と捉えましょう。うまく乗り切れば，一気に学級が安定し，他の子どもも教師を信頼してくれます。

> ・「気づく」，「余裕をもつ」，「チャンスであると捉える」！
> ・他の子の信頼も得られる！

初任者にありがちな失敗例④

教室が汚い

荒れているクラスは教室が汚い

　学生ボランティアのとき，荒れているクラスに入ることが多くありました。
　その中で気づいたことが，**ほとんどの荒れているクラスに共通していること**は「教室が汚い」ということです。

　子どもたちのロッカーの中もぐちゃぐちゃで，床にもたくさんのごみが落ちている。教卓も乱雑で子どもたちから集めたノートなどが無造作に置かれている……。

　「鶏が先か，卵が先か」のような話です。
　子どもたちが荒れているから教室が汚いのか，教室が汚いから子どもたちが荒れるのか……。

　どちらが正解かは置いておいても，「教室をきれいにする」ということは，クラスが荒れる要因を一つ取り除くことができ，「安全・安心のクラス」をつくることにつながるといえるでしょう。

放課後掃除のススメ

　私はきれい好きではありません。
　自分の部屋はある程度散らかっていたほうが落ち着くくらいです。
　しかし，「荒れているクラスは教室が汚い」ということを経験上知ってい

たので，初任の年，放課後に掃除をして帰るようにしていました。

　要するに，「安全・安心の学級」をつくるために，掃除に取り組んでいたのです。しかも，教室を掃除することくらい，「誰でもできること」です。初任者は必ず取り組むべきです。

　特に汚いのが，**ロッカーと最後列の子どもの机の間**です。ここにごみがたくさん落ちています。

　また，教卓はなるべく常に整理整頓しておくよう心がけます。

　子どもたちに普段「使わない物はしまいましょう」「机の上をきれいにしましょう」などと指導する教師の机が汚ければ，その指導はウソになってしまいます。

　また，放課後に掃除をしていると，それに気づいてお礼を言ってきたり，一緒に手伝ってくれたりする子が出てきます。

　ある年，クラスにある大人しい女の子がいました。私が普段から積極的に話しかけても，恥ずかしがってあまり話してくれませんでした。

　ある日の放課後，掃除をしていると，視線を感じました。その子でした。「あぁ○○さん。よかったら手伝ってよ」と言うと，ニコッと笑ってうなずきました。

　それから，一緒に放課後の掃除をしながら，話をするようになりました。その子は，本当は明るい子だということが分かりました。

　放課後に教師の掃除を手伝うなど，活発な男子には考えられません。むしろ，教室であまり目立たない子が多いでしょう。放課後に掃除をすると，そのような子ともコミュニケーションを取ることもできます。

　そして，教室もきれいになり，一石二鳥なのです。

・「荒れているクラスは教室が汚い」と知ること！
・放課後に子どもとコミュニケーションを取りながら掃除するべし！

トラブルを生かす

係掲示板に心ない落書きが……

　12月のある日，クラスにトラブルが起きました。クイズ係の掲示板の「新作クイズ，楽しみにしていてくださいね！」と書いてある横に，「全然楽しみじゃないよ」といたずら書きがされていたのです。ある子が発見し，私に報告してきました。すぐに掲示板を見に行くと，確かに書いてありました。字体からして男の子で，あの子だろうと見当がつきました。根は悪くないのですが，調子に乗ってよくないことをしてしまうことがある子です。正直，みんなの仲がよく，明るくてとてもいいクラスをつくれているなぁと感じていたので，非常にショックな出来事でした。このクイズ係は男女2名の係で，実質1人の女の子Mさんが運営していました。Mさんは少し友達をつくるのが苦手な子でしたが，最近みんなに溶け込みつつある，そんな風に私は感じていました。それだけにショックでした。帰りの会で私は次のように話しました。ゆっくり間をおきながら，ゆっくり話をしました。

　「今日とても悲しいことがありました。分かる人はいますか。後ろに係の掲示板がありますね。クイズ係の掲示板に，誰かが，『全然楽しみじゃないよ』と落書きしていたのです。先生は，言葉はすごく大きな力をもっていると思います。悲しかったとき，つらかったときに友達や家族からかけてもらった言葉で立ち直って勇気をもらったことがあります。人に勇気と希望を与える力があり，その言葉をかけられた方は一生覚えています。でもその大きな力をマイナスに使ってしまうと人に一生の傷を負わせることだってできて

しまいます。今回はどちらの場合ですか」

　みんな真剣に話を聞いていました。私が見当をつけていた男の子は青ざめていました。さようならをした後，その子は泣きながら私のところに来て，「僕がやってしまいました」と言いに来ました。私は内心，『来てくれてよかった！』と思いながら，「よく自分で言いに来たね。でもやってしまったことはよくないことだし，先生より謝るべき人がいるよ」と穏やかに話しました。すぐにその子はMさんのところに謝りに行っていました。Mさんは，「いいよ，大丈夫だよ」とすぐ許してあげていました。翌日，クイズ係の掲示板を見ると，同じ男の子の字で「新作クイズ楽しみ！」とイラスト付きで書いてありました。これ以降，係の掲示板のお知らせに対してポジティブな反応を書き込むのがクラスに広がっていきました。Mさんも明るさを失わず，楽しく一年間を終えることができました。

トラブルを生かす

　この事例でまずポイントなのは，「子どもが問題を発見し，教師に相談していること」です。子どもたちが「集団」として機能していれば，「問題」を発見した子は何とかしようと行動します。これがなければ教師が発見し，対処するしかありません。また，「教師がすぐに対応していること」もポイントです。トラブルは起こらないことがベストです。そのためには「兆候」のうちにいち早く手を打つことです。しかし起こってしまうことは必ずあります。ですから，問題が小さいうちに，適切に対応することが求められます。素早く，適切に対応することで，クラス全体がそのトラブルを乗り越えて，よりよい集団へと近づきます。初任者の場合は，「すぐに。小さいうちに」を合言葉に対応していくことが重要です。また，自分一人でどう対応したらよいか迷ったら必ず学年主任等に報告し，相談しましょう。

・問題が小さいうちに，すぐに手を打つ。
・場合によっては学年主任や管理職に相談する。

やんちゃを味方につける！①

「試し」行動を
見逃さない

やんちゃ君を味方につけられれば，一年間を乗り切れる！

　どんなクラスにもいる「やんちゃ君」。教師にとっては時として扱いにくい子です。しかし，学級を安定させていく上で非常に重要な存在です。

　なぜなら，彼らは「友達への影響力が絶大」だからです。

　そんなやんちゃ君を味方につけられれば，学級経営で大きな苦労をすることはないでしょう。学級経営の上での「勘所」と言えるでしょう。

　ここからは，私が担任したやんちゃ君への指導を振り返ります。「こうすれば必ずうまくいく！」という方法はありませんが，考え方や指導の方向性をつかむことが重要です。

前年度，学級崩壊に追い込んだBくん

　ある年，私が担任した学年は，前年度に学級崩壊したクラスでした。

　その中心にいたのがBくんでした。Bくんは，パッと見ただけでは「やんちゃ君」だと気づかない子です。自分から表立って悪い行動をしたり，担任に歯向かったりしません。その代わり，「裏の顔」を持っていて，他のやんちゃ君たちに指令を出して授業妨害をさせるなどしていました。

　そんなBくんを担任することになった私は，少し不安でした。まずは前担任から聞き取りをしました。すると，やはり彼をおさえることがクラスを安定させる上で重要だということが浮き彫りになりました。一番手を焼いた，とのことでした。

上々だった「出会い」

　前担任からの情報によると，Ｂくんはサッカーをやっていました。私も偶然，学生時代にサッカーをやっていました。好都合でした。

　子どもたちとの出会いの日に，自己紹介をすると共に，教室でリフティングを披露しました。Ｂくんは「すごい！」と言って率先して拍手をしてくれました。その後も「先生，先生！」と積極的に話しかけてきてくれました。上々の出会いができたと自分では思いました。

初日にいきなり「試し」行動をしてきた！

　初日，Ｂくんはすぐに私に「試し」行動をしてきました。

　教室移動のため，教室の後ろに並ばせていたときのことです。

　私が教室の後ろに掲示していた，学校で配られた「保健だより」を，私が少し目を離したスキを見計らって，黒板消しで叩いて汚したのです。そして，すぐに黒板消しを置いて，何食わぬ顔をしています。

　本人は見られていないと思ったのでしょうが，私はしっかりこの目で見ていました。そして，思いました。「やっぱり油断してはいけないな。しっかり見ておかないとな」と。同時に，「どのように対応しようか」と頭を悩ませました。信頼関係のできあがっていない初日から叱り飛ばすようなことをしたら，逆に信頼関係は崩れさります。ましてやＢくんのような子であれば，担任である私を攻撃し始めるかもしれません。

　このようなことを考えていると，私はすぐに対応することができませんでした。本当はその場でＢくんに声をかけるべきだった，と思いましたが，時すでに遅し。黒板消しを置いてしまった今，指摘したってとぼけるに決まっています。

　私はその場で，「あれ，保健だよりが汚れている！　これをやったのは誰ですか。先生はみんなに見てもらいたいと思って掲示しています。こうやってみんなの物を汚すのは許されません」と言いました。

　案の定，Ｂくんは白を切り，名乗り出ませんでした。

悩みに悩み，もう一度切り出した

　このまま帰らせるわけにはいかない……私は一日中悩みました。しかしあいにくこの日は四時間授業。刻一刻と帰りの時間が近づいてきます。このときの私には，ほとんど策や技術がありませんでした。それでも「些細なことだが，これは許してはいけない」と考え，次の手を打つことにしました。私は，帰りの会でもう一度話をしました。

　「ここはみんなの教室です。教室のものはみんなのものです。それを自分の勝手な気持ちで汚すのはいけないことです。悪いことをして黙っていたら，もっと悪いことをするようになってしまいます。先生は正直言って，誰がやったのかを見て知っています。でも，自分から名乗り出た方がいいから待っているのです。さようならをした後，先生は少し教室に残りますから，言いに来てください」

　一人ひとりの目を見ながら，そしてBくんの目をしっかりと見つめながら話しました。さすがにBくんは「まずい」という顔をしていました。

　さようならをした後，Bくんは私のところに来てくれました。「先生，僕がやってしまいました」と小さい声でしたが，自分で言いました。私はにっこり微笑みながら，Bくんの頭をなで，「Bくん，よく来てくれたね。先生はうれしいよ。保健だより，もう一枚印刷してくるから，Bくんが貼り替えなさい」と言うと，「はい」と涙を一筋流しながらBくんはうなずいてくれました。その後，Bくんはますます私を慕ってくれるようになりました。

授業をはかる「試験紙」

　Bくんは，私がそれなりの授業をしたときは非常にのってきてくれました。しかし，あまり準備せずにした授業などでは，まったくダメで，机に伏してしまうこともありました。いい意味で授業の出来をはかるよい「試験紙」でした。「Bくんものってきてくれる授業をするぞ！」と教材研究に力を入れるモチベーションにもなりました。

　このように，他の子ならば我慢して「お付き合いしてくれる」授業でも，

やんちゃ君には通用しません。そこで，「あの子だから」と子どものせいにしてしまうのでは，いつまでたっても授業がうまくなりません。その子ものってきてくれるにはどうしたらよいか，と自分で考えていくことが重要です。

「一緒に遊ぶこと」で信頼を！

授業は努力しましたが，Bくんがのってきてくれる授業を毎回は到底できませんでした。初任者には仕方のないことです。

しかし，「一緒に遊ぶ」ということだけは，とにかく毎日続けました。

この年は，ほとんど全員と一緒に外でドッジボールをして遊びました。私は本気でBくんを当てていました。Bくんはとても楽しそうでした。Bくんは，私に対しても，そして友達に対しても笑顔で穏やかに接し，年度の終わりまでそれが続きました。

「土居先生は，本当によく僕たちのことを見ている」という一言

年度の終わり，「〇年×組について」という作文を書いていた時間のときです。Bくんは隣の子にしみじみと「土居先生は本当によく僕たちのことを見ているよねぇ」と言っていました。

「よく見ている」というのは子どもの言葉です。そのことをよく考えてみると，「細かいサイン，兆候を見逃さない」ということなのだと思います。今回の場合で言えば，初日に「掲示物をわざと汚す」という「試し」をしてきました。そのことを「見逃さず」に，対応したことが彼の「よく見ている」という言葉につながっていると思います。また，後述しますが，「特別支援の必要な子ども」のよさをしっかり見つけ，みんなに伝えていました。こんなことが，「よく見ている」という言葉につながったのだと思います。

・すぐに手を打ったことが功を奏した。
・しっかり見る，ということ。遊んで信頼を得るということ。

やんちゃを味方につける！②

問題の背景を探る

前担任から「要注意」と言われたＡくん

　学年を引き継ぐとき，真っ先に前担任から「要注意」だと言われたのがＡくんでした。

　前担任からは，「ちょっかいを出す，指導しても聞かない，授業中の手いたずらがとまらない，人とうまくやることができない」と言われていました。

　「本当に要注意だよ」と最後に付け足していたのが非常に印象的でした。

　新年度初日，出会ってみると，非常にかわいくて人懐こい子でした。

　「あれ，そこまで要注意なのかな」というのが私のはじめの印象でした。

トラブルの中心にいつもいるＡくん

　ですが，それははじめの数日間だけでした。

　慣れてくると，すぐに他の子から「先生，Ａくんが叩いてきます」「先生，Ａくんがきちんと並びません」「先生，Ａくんが……」という訴えが一日に何度もくるようになりました。

　Ａくんは友達のことが大好きですが，それをうまく言葉で表現できず，手が出てしまったり，ちょっかいという形にしてしまったりするのです。

　訴えを聞き，私がＡくんから話を聞くために呼び出し，「人の邪魔をしたり，人のことを叩いたりしてはいけない。やめなさい」という話をすると，「分かりました。ごめんなさい」と一旦は言うのですが，また同じことを繰り返します。表情などを見ていると本当に反省している様子ではありません

でした。

　しかし，よくよく考えてみると，私はＡくんの「友達に悪さをしてしまう」という行為にしか目がいっていなかったため，このような「行為に対する」指導しかできなかったのです。そうではなく，その行為の裏にあることに目を向けないといけなかったのです。

　行為に対する指導しかできていなかったとき，彼の信頼を得ることはできていませんでした。こんなことがありました。私が授業中に何度注意しても手いたずらをやめないＡくんに声を荒げて叱ったことがありました。そのとき，彼は手いたずらをやめたのですが，私が目を離した，と思ったスキに私の方をにらみつけていたのです。私はそれを偶然発見してしまいました。非常にショックを受けました。これほどまでにＡくんからの信頼を得ることができていなかったのか，と落ち込みました。

　私は，指導方針を変える必要がある，と考えました。

　Ａくんの場合，友達のことは大好きでした。

　私のところに来て「先生，○○くんがねぇ……」などと友達のことをよく話していたからです。普通の子であれば自分から話しかけるなどして仲良くなっていくものなのですが，それができないのでした。

　つまり，「言葉で表現できない」というところにＡくんの問題点があるのではないか，と私は考えました。

　そして，彼自身も困っているのです。何とかしたい，と考えました。

少しずつ，「言葉で表現」できるように……

　私はＡくんへの指導の方針を変えました。

　ちょっかいを出したりたたいたりしてしまったとき，「どのようなことを思っていたのか」をＡくんから引き出すようにしました。そして，その後「どう伝えればよかったのか」を二人で考えるようにしました。

　例えば，次のような対応をしました。

　「Ａくんが叩いてきた」と前の席の子が訴えてきました。

Ａくんには「そのとき，どんな気持ちだったのか」と問いました。「これ，面白くないと伝えたかった」と口にしました。私は，「そうか，それを伝えたかったんだね。どうやって伝えたらよかったかな」とたずねました。叱られると思っていたＡくんは，きょとんとしながらも，「優しく言えばよかった」と言いました。私は「そうだよね。優しくね。話しかけるときはどうすればよかった？」「ねぇねぇとか話しかければよかった」とＡ君は言いました。私は，「そう。そうやって優しく言えば聞いてくれるよ」

　──このようなやり取りを重ねていくようにしました。

　時には，「それじゃあ練習してみよう」と言って，実際に言わせることもありました。

　そうすることで，Ａくんが関係したトラブルは徐々に減っていきました。そして，Ａくんの内面も成長していました。

　ある日，こんなことがありました。

　クラスでのお楽しみ会の準備をしていたとき，事件が起きました。私は職員室に物を取りに行っていました。するとある子どもが「先生，Ａくんがケンカしています」と報告にきたのです。急いで教室に駆けつけてみると，Ａくんとある男の子がお互い泣きながらケンカしていました。

　すぐに止め，相手の方から話を聞いてみると，自分たちがせっかくつくった飾りをＡくんが勝手につけるので止めたがやめないので，ケンカになったとのことでした。（「せっかくのお楽しみ会なのに，これは時間がかかるかな……」と思いました。）

　続いてＡくんを呼び出すと，私の方から事情を聞く前に涙を流しながら「僕がふざけすぎました。ちゃんと言ってから飾りをつければよかった。謝りたいです」と口にしました。

　Ａくんは自分で，自分のことを冷静に見つめることができるようになっていたのです。

　その後相手の子を呼び出すとＡくんは自分から謝りました。以前と違い，心のこもった謝罪でした。相手もそれに応じて謝り，意外にもすぐに問題は

解決しました。その後すぐに教室に戻り，時間通りにお楽しみ会を始められたのでした。

　トラブルは起こってしまいましたが，Ａくんの精神的な成長を感じました。自らを見つめ，反省することができるようになっていたのでした。

遊ぶこと，スキンシップの重要性

　もちろん，Ａくんともたくさん一緒に遊びました。

　Ａくんはこれが何より嬉しかったらしいです。保護者や他のクラスの友達に「土居先生はたくさん僕たちと遊んでくれるんだ」と自慢していたようです。初任者にとっては，これほどの武器はありません。

　また，私とＡくんとは男同士だったので，スキンシップもよく取りました。握手やハイタッチ，肩もみのし合い，肩車などを意識的にしました。かわいがり，大切にしているよ，というメッセージが伝わるよう接し続けることが彼からの信頼を得ることにつながったようです。

　スキンシップは，言葉で「大切にしているよ」と伝えるよりも，伝わるものがあるようです。

　私は今もこの「スキンシップ」を大切にしています。やんちゃ君はどうしても叱る場面も増えてしまいがちです。その代わり，スキンシップをする頻度も増やすことで，その子どもとの関係も保てるのです。

　このようにやんちゃ君とは，特に一緒に遊び，スキンシップをとりながら，関係性をしっかりつくりあげていくことが重要です。

・周りを困らせる子は，自分も困っていることが多い。
・ただ叱るのではなく，「どうしたらいいのか」を教えてあげること。
・その子の抱える背景等を踏まえた指導を。

やんちゃを味方につける！③

やんちゃ君を通して
教師力を磨く

やんちゃ君を味方につける意義

　そもそもなぜやんちゃ君を味方につけないといけないか，というと「安全・安心」のクラスをつくる上で，重要だからです。

　やんちゃ君は，基本的にエネルギーがあり，他の子への影響力があります。彼らを味方につけておくことで，クラスに秩序が生まれます。反対に彼らが担任に背くとクラスは一気に傾きます。

　やんちゃ君を味方につけることは，初任者の学級経営にとっての肝要であり，おさえるべき点です。

決まりきった方法論はない！……が「遊ぶこと」は初任者の武器である

　先に，私の，BくんとAくんの二人との関わりをできるだけ具体的に書きました（一部エピソードを混ぜたり，ボカシたりしています）。そこからお分かりのように，「〇〇すればうまくいく！」という方法論はありません。これはどんな子どもと関わるときも同じですが，相手は一人ひとり違う人間ですので，決まりきった「正解」のような方法論はありません。

　しかし，二つのケースには共通項があります。それは，初任者にとっての武器は「子どもと一緒に遊ぶ」ことだということです。やんちゃ君は非常にエネルギーがあります。子ども同士の遊び等では中心となっていることが多いです。教師も一緒に遊び，前述のように「尊敬される」ポイントをつくっていくとよいでしょう。

子どもをよく見て，子どもを見る力をつけよ

　さらに，「よく見る」ということが重要です。当たり前のようですが，子どもをよく見るということは，実は初任者にとっては難しいことです。30人以上の子どもを一度に見る経験など，学生時代にはほとんど積むことができないまま，初任者は教壇に立つことになります。おそらく，予定表や教科書を見る時間の方が子どもを見る時間より多くなってしまうことでしょう。私もそうでした。それでも，よく見ていたからこそ，Bくんの初日の「試し」行動にも気づくことができました。Aくんの「行為の裏にある本当の問題」にも気づくことができました。なぜよく見ることができたか。それは，「的を絞っていたから」です。実力と経験のある教師であれば，一目教室を見渡しただけですぐに一人ひとりの子どもの様子を見て取ることができます。しかし，初任者がいきなり全員のことを事細かによく見ることなどできません。ですから，まずは「安全・安心」の学級経営を成功させる上での「肝要」となるやんちゃ君に関して，「的を絞って」よく見るのです。そうすれば，段々，子どもの見方をつかむことができてきます。そうやって**子どもを見る力をつけ，段々全体を見られるようにしていく**のです。

授業の「試験紙」としての存在

　教師との関係が良ければ，多くの子は初任者の退屈な授業にも「付き合って」くれます。しかしやんちゃ君はそう甘くはありません。露骨に態度で示したり，うつぶせになったりします。やはり彼らを授業でイキイキとさせられてこそ本当に実力のある教師といえます。「彼らがのってくる授業をつくる！」という意気込みで授業に臨むことで授業力を伸ばすことができるのです。そのようにやんちゃ君たちを活用しましょう。

・やんちゃ君との関わりを通して「子どもを見る目」を磨け！
・やんちゃ君の反応を「試験紙」として授業力を磨け！

特別支援を要する子への配慮①

狭い尺度に当てはめない

特別支援を要する子どもへの配慮の重要性

通常級に在籍する特別支援を要する子どもは，文科省の資料によると6%を超えています。「どのクラスにも必ず一人か二人はいる」と思って，まず間違いないでしょう。

特別支援を要する子どもたちへの配慮は「安全・安心」のクラスをつくる上で欠かせません。クラスが崩れ始めると一気に特別支援を要する子どもにしわ寄せがきます。

通常級に在籍する特別支援を要する子どもは，基本的には知的な障害を伴わない，発達障害を持った子どもということになります。ASD（自閉症スペクトラム），ADHD（注意欠陥多動性障害），LD（学習障害）のいずれかを持っているか，あるいは併発もよく見られます。

まずは，これらの発達障害について「知る」ことが重要です。知らなければ対応が後手後手になるからです。

ここからは，それぞれの発達障害の子どもの特徴を，私自身の経験を通して，私自身の言葉で述べていきます。ここでは長所と短所について述べたいと思います。教師には短所をさりげなくサポートしつつ，長所を大いにほめてあげることが求められます。

ASD（自閉症スペクトラム，アスペルガー症候群）の子ども

ASDの子どもは，「自分の世界を持っている子」と言えます。自分の興

味のあることに関して時間を忘れて集中して取り組むことができます。「〇〇博士」と呼ばれる子などはこの傾向があります。

　また，私がたくさんの ASD 傾向の子どもと関わってきて感じる「よさ」の一つとして，「決して人に意地悪をしない」ということがあります。よく本などには「思ったことを口にしてしまう。人に失礼なことを言ってしまう」などと書いてあります。そういう側面もありますが，基本的に ASD の子どもは非常に素直で意地悪な子はいない，という実感があります。

　短所としては，「自分の世界を持ちすぎている」ということです。この一言に尽きます。そのため，人と一緒に何かをしようという気持ちを持ちにくいことが多いです。また，人と会話するのが苦手です。自分の興味のないことは聞く気が起きないのです。

　このような特徴から，ASD の子どもは他の子どもにうまくなじめず，浮いてしまうことが少なくありません。

ADHD（注意欠陥多動性障害）の子ども

　ADHD の子どもは，「好奇心旺盛で，積極的な人懐こい子」と言えます。自分の思い立ったことはどんどん実行するので行動力があるとも言えます。クラスのやんちゃ君にはこの傾向がある子もいます。

　また，私自身の経験から，ADHD の子どもには，「人気者になる」という要素があると思います。人懐こい上に積極的で物怖じしないところがあります。私が見てきた子どもはクラスを引っ掻き回していても，なぜかみんなから人気がある，という子が多くいました。

　短所としては，学校では「落ち着いている子＝よい」とされる傾向があるので，「学校という場所では不利益を被る」存在であるということです。ADHD 傾向の子どもは「落ち着き」とは無縁なので，「よくない」と評価されてしまうことが多くあるのです。これは教師側の価値観も大きな問題です。

　このような特徴から，ADHD の子どもは，子どもたちから人気者になりつつも，教師がその扱いに手を焼いていることが多いです。

LD（学習障害）の子ども

　LDは「学習障害」と呼ばれ，他の子と比べて著しく学習の定着が遅い子たちのことです。

　この子たちと接していて思うのは，「我慢強く，優しい子が多い」こと，そして「自分もできるようになりたいと思っている」ということです。

　自分があまり理解できない授業が一日に6時間もあるのに，黙って座って我慢して授業を受けている子が多くいます。そのような子たちは普段から「我慢」して生きているようなものです。教師が授業を理解させてあげられないから，その結果として「我慢強く」なっているという，何とも皮肉な現実があります。しかし，やはり自分も他の子たちと同じようにできるようになりたいのです。「できない」ということに慣れてしまっているから，自信が極端にありませんが，少しでも「できた！」という実感をさせてあげられると，大きな達成感を得て，どんどん自分から取り組むようになります。

怖いのは二次障害

　それぞれの発達障害の特徴を述べました。このように見ると，「短所」なのは，「学校」という場所の中において「短所」であることが多いということです。社会に出れば活躍している人がたくさんいます。

　学校という狭い尺度でその子を判断し，「なぜできないの！？」「何度言ったら分かるんだ！？」などと叱り続けることが最もよくないことです。叱られ続けることで，反抗挑戦性障害などの「二次障害」へとつながっていきます。こうなると，上に私自身の言葉で書いたような「長所」すら隠れて出てこなくなってしまい，さらに困難な状況になっていきます。その子どもの困っていることをしっかり受け止めてあげることが重要です。

どうしてもダメな場合は……

　若手の教師が大幅に増えている今，初任者のクラスの中にも，ベテランの先生ですら手に負えない子が在籍しているケースが珍しくありません。

　ベテランの先生でも指導するのが難しいのに，初任者が指導するのは至難の業としか言いようがありません。

　それでも，そのクラスを任された以上，担任をしていくほかありません。

　このような場合，どうするかを考えていきましょう。

　第一に「**周りの大勢の子を固めることに徹する**」べきです。

　たった一人や二人の存在で学級全体が崩壊することは，まずありません。厄介なのは，教師が彼らを「どうにかしよう」とし過ぎて，他の子にまったく目がいかなくなることです。他の子だって，勉強したい，先生にかまってほしいと思っているのです。教師が一人や二人の特別支援を要する子どもにかかりっきりになっていると，その他の子が落ち着かなくなってきます。ここから学級崩壊へと向かっていきます。ですから，先にも述べましたが，まずは「全体」，次に「個人」という順番にすべきです。

　第二に「**細かいことに反応しない**」ことです。

　例えば，授業中に奇声を発する子がいるとします。その一挙手一投足に「静かにしなさい！」などと反応してしまうのは，「奇声を発すれば先生はこっちを見てくれる」という裏のメッセージを与えることになってしまいます。だから，あえて「流して」しまうのです。特別支援を要する子への対応が上手な先生は，「流す」のが非常に上手です。教師がうまく「流して」いると，他の子もそれを真似て，「流せる」ようになってきます。奇声を発している子がいても「流して」，授業に集中できるようになってきます。そうすれば，学級「全体」が崩れることはありません。もちろん，「叩かれた」「蹴られた」などの被害があれば，それは「流さず」，必ず教師はしっかり被害にあった子から話を聞いてあげることが重要です。周りの子どもの「ガス抜き」をしてあげるのです。きちんと呼んで，謝罪させるようにしましょう。

・それぞれの「長所」がたくさんある！
・教師は「狭い尺度」に子どもを当てはめてはいけない。
・二次障害を必ず防ぐように指導していくこと。

特別支援を要する子への配慮②

その子のよさを
伝えていく

ずっといじめられてきたCくん

　ある年担任したCくんは，転入生でした。

　CくんはASD傾向があり，場の雰囲気を読むことが難しい子どもでした。保護者も非常に心配しており，「幼稚園から小学校まで毎年いじめられてきました」と話していました。

　私がCくんと初めて対面したときも，Cくんは天を仰ぎながら自己紹介していました。ASDの子どもは人と目を合わさずに話す傾向があります。友達との会話もちぐはぐで，会話のキャッチボールが苦手でした。聞かれたことに対して答えるだけ，というパターンになっていました。

　一方で，学習はよくでき，手がかかりませんでした。しかし，「人の話を最後まで聞く」「発言するときは挙手し，指名されてから発言する」などのルールを守れないことはありました。自分の興味のあることを出し抜けに言葉に発してしまうのです。

　これらの特徴は他の子にとっては「異質」なものとしてうつっていたようです。他の子が，Cくんが発言した際やCくんと会話をしているときの表情を見ていて，「変わっているな」と思っているのは明らかでした。

　私はCくんがクラスになじめるよう，いろいろな手を打ちました。他の子どもにそっと「Cくんとも話しておいでよ」と声をかけたり，遊びに誘わせたりしました。はじめはうまくいっているように見えましたが，Cくんと本当に仲良くなれた子はいませんでした。子どもたちでは，Cくんと会話が成

り立たず，コミュニケーションが取れないからです。

事件が起こってしまう

　そんな中，事件は起こりました。

　ある日の放課後，Cくんの保護者から電話がかかってきました。

　「マンションの前の広場で，息子が3人の子どもに囲まれて茶化されていた。何か物を取られて返してくれないようであった。とても悲しかった」というものでした。そして3人の子どものうち一人は，私のクラスの子どもだったのです。私はとても悲しくなりました。しかし，すぐに対応しなくてはなりません。

　まず学年主任に報告し，関係した子どものクラスの担任の先生にも報告しました。学年主任と相談し，対応の方向性を決めました。次いで管理職に報告を入れました。

　翌日，関係した子ども3人と学年主任，私で話し合いの場を持ちました。その子どもたちは，自分たちの行為を認めました。私は，一人に多数で，いたずらをするのは完全にいじめであり，許さないことを伝えました。

　クラスでも名前を伏せて同じ話を繰り返しました。

「小手先」ではダメだと気づく

　Cくんがクラスになじめるように，友達ができるように，といろいろ手を打ってきましたが，どれもダメでした。その結果，上のような事件が起こってしまいました。

　私は策に頼るのをやめ，まず自分がしっかりとCくんと関係を結ぶことに専念しました。Cくんは恐竜が大好きでした。他の話題ではほとんど会話になりませんでしたが，恐竜の話題ではどんどん話が弾みました。Cくんは恐竜の名前を数十種類も覚えており，しかもそれぞれの特徴を諳んじることができました。そこで，私もCくんの好きな恐竜の名前と特徴を細かく覚えて，Cくんの前で言ってみせると，Cくんは少しうれしそうな表情をしました。

何より，私の目を見てくれていました。それから少し距離が近づいたような気がしました。

　そうすると，もっとＣくんのよさが見えてきました。

　恐竜の知識に加え，意外とお茶目で面白いことが好きなことも発見しました。そして何より，人がいやがることや悪口を決して言わない，というよさを見つけることができました。Ｃくんは常に，「自分のこと」と「興味のあること（恐竜など）」に全神経を集中させていました。そのため，普通なら気になる人のことや人の欠点などがまったく気にならないのです。

　このようなことに気づくと，私の中で，Ｃくんのことがより大切になりました。

　２学期の，Ｃくんがお休みをした日の朝の会のことです。

　「今日はＣくんはお休みです。さびしいなぁ。Ｃくんは面白いしね，何より人の悪口を言っているのを先生は聞いたことがない」と独り言のように，わざと大きくつぶやきました。

　すると，「たしかに」と真剣な表情でつぶやいたのは，なんと以前Ｃくんに意地悪をしたあの子だったのです。

　私はこのとき，**「教師がクラスみんなに子どものよさを伝えることは本当に重要なんだ」**と心から思いました。

　このようにして，私は意識的にＣくんと関わる機会を増やし，クラスのみんなにもＣくんのよさを伝えるようにしていきました。

▶ みんなと一緒に遊べるように……

　私との距離が近づいた後，今度はみんなでやっているドッジボールに誘ってみました。すると，「うん，やってみる」とすぐに来てくれました。今までは運動が苦手なので参加していなかったのです。

　Ｃくんがドッジボールに参加しているときは，私も必ず参加するようにしました。（そうでないと，ルールもあまりよく分かっていなかったため，人と違う行動をしてしまい，みんなから浮いてしまうことがあったからです。）

　Cくんはボールを投げたり，取ったりすることが苦手でした。そのため，はじめはあまり楽しめていませんでした。しかし，私も一緒に入って，「Cくん惜しい！」とか「Cくん，強い球投げられるようになったなぁ！」などと励ましの声を送ることで，楽しんでくれるようになりました。やがて，私が誘わなくとも自然と，ドッジボールに参加するようになりました。時にはCくんが一番にボールを持って外に行くこともありました。

お笑い係に立候補！

　2学期の係を決めるとき，Cくんはなんと「お笑い係」に立候補しました。私は正直ハラハラしました。

　場の雰囲気を読むのが苦手なCくんが，お笑いをできるかな，と。

　しかし，Cくん自身は面白いことが好きです。そして，何より自分から立候補した気持ちを優先してあげたいと思いました。

　そのため，本来は子どもの自主性に任せる係の活動でしたが，お笑い係には私の目が行き届くように活動させました。例えば，お楽しみ会でのコントの練習に付き合ったり，アドバイスをしたりしました。

　よく見ていると，Cくんは自分からウケをねらいに行くと「ダメ」なようでした。大げさすぎたり，棒読みだったりするのです。つまり，ボケではない方がよいと私は判断しました。そこで「ツッコミ」の練習をさせました。これが大はまり！　Cくんの，ツッコミつつもそれが何となく面白い，ボケツッコミのようなスタイルの誕生でした。

　本番のお楽しみ会でも大盛り上がり。広場でいたずらした子も腹を抱えて笑っていました。

　年度の終わりにはCくんはクラスに溶け込むことができました。

・「小手先」に頼らず，その子と関係を結び，長所を見つける！
・「標的」となることがあることをしっかり頭に入れておくこと！
・教師がその子のよさを子どもたちに伝えていく！

一人ひとりに合った指導を

他の子よりもうんと幼かったDくん

　ある年受け持ったDくんは，非常に幼い子どもでした。

　高学年でも自分のことを名前でちゃんづけで呼んでいました。他の子もだんだんそれに気づき始め，少し変わっているなぁという感じで見ていました。

　知能も特別支援級とのちょうど境に位置していました。授業についてこられないことも多くありました。

　私との関係は良好でした。年度はじめからすぐに懐いてくれ，休み時間などもすぐに私のもとに寄ってきて，お話をしてくれるのでした。

　一方，クラスの友達との関わりはほとんど見られませんでした。会話があまり成り立たず，話していても「○○ってなに？」と言葉の意味が分からないということがよく見られました。

　クラスの子どもたちは優しくDくんに接してはいましたが，仲のよい友達はできていない，というのが実情でした。

一つ一つ丁寧に教えてあげること

　Dくんの幼さを表すエピソードとして次のようなものがあります。

　Dくんは指をしゃぶる癖がありました。そしてその指を他の人に向けてみたのです。もちろん他の子は「うわー！」と言って逃げました。

　その光景をDくんは楽しい，遊んでいる，と思ったようです。それ以来Dくんは指をしゃぶってその後友達を追いかけるという行為を繰り返すように

なりました。

　私は，Dくんに「Dくん，指をしゃぶったらどうなる？　つばでぬれるよね。そうしたらそれを人につけたら人は嫌がるんだよ」と丁寧に教えました。

　このようにして，Dくんが理解できていないこと，そして周りから浮いてしまうことに直結することを一つ一つ丁寧に指導していきました。

仲良しの子を！

　指導を入れ，なんとかクラスから浮かずに過ごしてきたDくんですが，唯一，仲良しの友達ができないことが課題でした。

　そんな中，ある子と席を近くにしてみました（当時，席は私が決めていました）。実はこの相手の子も，少し友達をつくるのが苦手な子でした。

　すると，波長が合ったのか仲良しになりました。

　2学期には二人で協力して係をつくり，とても積極的に活動するようになりました。

「Dくんがボールを取ったんだよ！」

　Dくんが手を挙げたら指名し，大いにほめたり，図工でDくんの作品をみんなに紹介したりするなど，Dくんのことを意識的にクラス全体に紹介し続けました。

　このようなことを続けていくと，他の子もDくんに対してどんどんあたたかく接するようになっていきました。休み時間明け，あるやんちゃ君が「先生！　Dくんがドッジボールでボール取ったんだよ！」と教えてくれました。このような雰囲気をつくれれば，Dくんだけでなく誰にとっても居心地のよいクラスになります。

・子どもに合った指導を！
・関係づくりを意図的に行う！

特別支援を要する子への配慮④

失敗も糧になる

どうしても救えなかったEくん

当時の私では，どうしても救えなかった子がいます。

Eくんは，人懐こい子でした。前担任からは，「漢字と文章に支援が必要」とのことでした。LD傾向がありました。

友達との関係はまったく問題がありませんでした。

Eくんは誰にでも優しく，みんなから愛される存在でした。

担任である私も，Eくんの人間関係で悩まされることはありませんでした。しかし，引継ぎ事項である「漢字と文章」に関しては，何をしてもダメでした。

前年度，宿題をまったくやらなかったEくん

「先生，おれね，去年一度も宿題やらなかったんだよ」と教えてくれたことがありました。

私が担任した年は毎日しっかり宿題を出してくれました。ドッジボールが大好きなEくんと毎日遊ぶことで，信頼をつかんでいたからだと思います。

宿題をきちんとやってくる，授業にも積極的に参加する。

私が担任した年，Eくんはこのような姿を見せてくれました。

しかし，私はEくんに「力をつけること」ができませんでした。

具体的には，漢字テストはほとんど点数が上がりませんでした。作文も，担任する前とほとんど変わりませんでした。

一度だけ漢字テストで100点を取った！

　Ｅくんが漢字テストで100点を取ったことがありました。

　このとき，Ｅくんは前日，35枚練習してきたのです（通常，１枚練習してくることを宿題としていました）。おそらく「一度だけでも100点を取る！」と心に決めていたのでしょう。私が「たくさん練習すれば必ず100点とれるよ！」と常日頃励ましていたからです。

　私は大いにほめました。

　「やったね！　100点取れたね！　練習したからだね！」と。

　この成功体験をしたからには，この後もきっと100点を取るように練習するようになる，私はそう思っていました。

　しかし，思いの外，Ｅくんの表情は晴れませんでした。

　そして，次のテストからまたいつも通りの点数に戻りました。

　当時の私には，なぜだか分かりませんでした。

「学習の仕方」を教えていなかった

　今考えると，Ｅくんへの指導は「根性論」でしかありませんでした。

　「やればできる！」―それはそうなのですが，きっとＥくんは「35枚練習してやっと100点か」と思ったに違いありません。

　私が「やったね！　100点取れたね！」とほめたからです。

　それよりもむしろ「35枚」も練習したということをほめた方がよかったと，今思います。人の35倍も努力したということですから。

　そして何より，Ｅくんには，もっと効率よく漢字を覚えられる学習方法を教えてあげればよかったと思います。毎回毎回100点を取るために35枚も練習なんてしていられません。当時の私にはその学習方法を教えられる力量と技術がなかったのです。今でも心から反省しています。

・「失敗」から学ぶことも多い。
・学習の方法を教えてあげ，自分の手を離れた後も使える力を！

初任者でもここまでは押さえたい！

子どもに力をつけるための
授業づくり 編

とにかく時間を守る！

初任者のやりがちな失敗

　授業は初任者にとって非常に難しい，ということは既に書きました。ですから，この章では授業について扱いますが，初任者が失敗しないために重要な要素を厳選して紹介します。その「第一歩」が**「時間を守ること」**です。

　初任者のやりがちな失敗として，「授業時間を守らない（時間が延びる）」ということが挙げられます。

　その授業で何を教えるべきかという「ねらい」が明確になっていないこと，指示があいまいで子どもたちに伝わらないことなどがその要因として挙げられます。子どもたちはただでさえ「退屈」なのに，授業時間が延び，休み時間を削られることになり，不満がたまり，クラスは落ち着かない状態になります。初任者は，「とにかく授業時間を守る！（延ばさない）」と意識しましょう。

時間を守るとよいこと

　授業時間をしっかり守ることがなぜ重要かという理由を三点述べます。

　第一に，**メリハリが生まれます。**授業をサッと始め，時間通りに終わることは，授業とそれ以外の時間とを区別することができるのです。

　第二に，**教師が授業をつくる力も上がります。**無駄を省いて，ねらいに即した重要なことだけを選べるようになるからです。スムーズに授業が流れていくにはどのような順序で指示を出したらよいか，指示の言葉はどのように

したら伝わるか，などを考えることになるのです。これらはまぎれもなく「授業力」の向上につながります。

　第三に，**初任者でもできることだからです**。盛り上がる授業をつくる，ほぼ全員に学力をつける授業をつくる，というのは初任者には無理な注文です。しかし，時間通りに始め，時間どおりに終えるということは，少し意識すれば初任者でもできることです。

　私自身，初任のときの授業は，それはもう子どもにとって退屈そのものだったと思います。しかし，時間だけは意識していました。

■ 授業時間を守るには……

　授業時間を守るために必要なことを四点紹介します。

　第一に「**必ず時間通りに始めること**」です。授業開始前には必ず教室にいて，あわよくば開始時刻より一分くらい早く始めてしまう，くらいの気持ちでいましょう。そして，遅れてくる子は待たずに始めましょう。

　第二に「**遅れてきた子には一言言わせること**」です。規律が整っていないクラスでは平気で授業に遅れてきます。そればかりか，何も言わずに席に座る子がいます。これを放っておいてはいけません。「○○で遅れてしまいました。すみません」と報告に来させるようにすると，遅刻する子は激減します。

　第三に「**ねらいを常に意識すること**」です。このことについては，次項で詳しく述べます。

　第四に「**どうしても延長する場合は，埋め合わせをする**」ということです。もう終了の時刻だけれど，5分間追加してどうしても授業の最後の振り返りを書かせたい，というときもあると思います。そういう場合は，休み時間を5分間延長するなど，埋め合わせをきちんとすれば子どもも納得してくれます。

> ・「時間を守ること」が初任者の最初の目標！
> ・授業規律につながる！

授業のねらいを常に意識する

ねらいが何であったか分からなくなっていた初任時代

初任者は，授業のねらいが何であったかを忘れがちです。

子どもが楽しんでいるかどうか，ですべて判断してしまうのです。

私もそうでした。例えば，5年生の算数の「角柱と円柱」の第1時です。教科書では「形当てゲーム」をすることになっていました。一人が箱の中にどんな形のものが入っているかを，触ったり，見たりしながらヒントを出します。他の人は，質問をして，ヒントを出してもらい，正解はどんな形なのかを当てるというものです。

クラスで行ったとき，子どもたちは大盛り上がり。

「僕もやりたい！」という声の嵐でした。

質問もたくさん出ました。結局，この時間は，交代しながら，様々な形を当てるゲームをして授業時間が終わってしまいました……。

ねらいを意識していれば気づくことができる

この授業のねらいは「立体の構成要素に気づく」というものでした。それを私はしっかり把握していなかったのです。

このねらいを常に意識して授業をしていれば，質問をした子どもが「平らなところはいくつありますか」や「とがっているところはいくつありますか」といった質問が出たとき，「面」や「頂点」という用語と結びつけて指導することができたはずです。

　しかし，授業のねらいを意識していないと，これらの発言のよさ，価値に気づくことすらできません。

　すると，「活動のための活動」になってしまいます。

　ここに挙げた例は極端な例ですが，初任者は往々にして「活動のための活動」になり，学習がほとんどない，という授業をしてしまいがちです。

■ 授業のねらいを必ず授業前に確認すること

　最低限，授業の前に「授業のねらい」を指導書等で確認し，頭に入れてから授業に臨みましょう。

　そうするだけでも，「活動のための活動」になることを防ぐことができ，子どもの発言を価値づけることができます。

　意外と「授業の展開」，つまりどんな発問をしてそのあとどんな学習活動をさせるかなどの授業の流ればかり気にしていて，肝心な「授業のねらい」に目が行っていない先生が多くいます。

　また，一時間の授業のねらいを把握することも大切ですが，単元全体のねらいを把握した上で一時間のねらいを把握しましょう。

　「単元全体のねらいは○○で，それを達成するために，今日一時間の授業のねらいは××である。それで，××を達成するための学習活動は△△で，ここでは※※というような発言を引き出して……」というように，**「子どもの発言のレベル」**にまで落とし込んでイメージしておくことが重要です。「子どもの発言のレベル」とは，先の例の「立体の構成要素」の場合であれば，「平らなところ」とか「とがっているところ」というものです。「跳び箱運動」の踏み切りであれば，「ターン！」とか「バーン！」などです。子どもから出てくるであろう表現や伝わる表現で考えるのです。

・「授業のねらい」は授業がどこに進むべきかを示す「羅針盤」である！
・必ず事前に「授業のねらい」を確認し，子どもの発言レベルに落とし込んでイメージすること。

教師が話す時間を減らそう

自分は違うと思っていても……

「教師が話す時間を減らそう」とすることが授業上達につながります。

教師がベラベラ話す授業はよくない授業であることは周知の事実であると思います。「主体的・対話的で深い学び」が求められる今,教師が一方的に話す授業はますますなくしていかざるを得ません。

教師がベラベラと長い時間話している授業では,子どもたちはほとんど聞いていません。聞いていないまま授業が進んでいきますから,子どもたちにも力はつきません。また,子どもたちは退屈な時間をやり過ごすため,聞いているフリをしたり,場合によってはおしゃべりをしたり,離席したりするかもしれません。

長々と話さないということは,教師になる学生または初任者であっても,知っていることです。「自分はそれをやらない」と心に決めているに違いありません。

私もそうでした。まさか自分がベラベラ話すとは思いませんでした。

しかし,初任のとき,指導教官から,「先生が話しすぎだね」と言われました。国語科で「一つの花」の読み取りをした授業でした。自分では子どもたちの発言をたくさん引き出せて,考え方や読み方も示すことができたと思っていた授業でした。「話しすぎ」と言われるとは思ってもみませんでした。

そこで,次の授業をビデオで撮影して,見てみることにしました。

すると,本当に教師である私が「話しすぎ」ていたのでした。「自分は話

さな過ぎている」と思うくらいでちょうどよいかもしれません。

話しすぎていたポイント

　私が話しすぎていたポイントは大きく分けて三点でした。（これは人によるかもしれないので，録画し，自分で確認することをおススメします。）

　第一に，「活動前の説明」です。

　丁寧に，みんなが分かるように，と説明をしていたのですが，話しすぎでした。

　撮影した授業は，「お父さんが出征する場面で，お父さんやお母さんのゆみ子に対する思い」を読み取る授業でした。私は，課題を与えた後，どのように読み取ったらよいかのヒントまで全体に一気に話していました。

　「無駄な言葉」，「繰り返し」も非常に多くありました。課題の説明だけになんと５分も使っていたのです。これはショックでした。

　第二に，「子どもの発言のあとの一言」です。

　私は，子どもが読み取ったことを発言するたびに，「それは○○ということだね」などと言い換えたり，説明したりしていました。これが余計だなと感じました。子どもたちはどんどん発言したいのに，私が一つ一つ長いコメントを入れることによってリズムとテンポが乱されてしまっていました。

　第三は，「まとめ」です。

　私がベラベラ話してまとめてしまっていました。

　このときは，「○○さんの発言のように，ゆみ子の気持ちと花が咲いていた状況を結びつけて読むと，分かることがたくさんありましたね」という主旨の内容の話をクドクドと何度も言い換えたり繰り返したりしていました。

　この例をもとに，次項からどうしたら教師がベラベラ話す時間を減らすことができるか，を考えてみましょう。

> ・自分では思ってもいないほど「話しすぎて」しまうもの。
> ・録画や録音してみて，客観的に授業を見てみるべき。

指示は短く的確に

指示を的確に出し，子どもに活動させる時間を確保する

　先の例では，「活動前に」たくさん話してしまっていました。教師がベラベラ話している時間ほど，子どもにとって退屈な時間はありません。もっと，子どもの活動の時間をしっかり確保すべきです。教師は大切なことだけを話すようにします。**指示を明確に出し，サッと子どもを動かすことで子どもの活動時間は確保されます。**

　しかし，一度で伝わらないからこそ，言い換えたり，繰り返したりしてどんどん話が長くなっていってしまいます。

　一度で伝わる的確な指示の出し方ができるようになるには，ある程度経験が必要ですが，ポイントもあります。

　それは「**教師が見通しを持ってから話し始めること**」です。これが最も重要です。そうでないと話しながら思いついたことや思い出したことを付け足していってしまいます。

　「今日は理科の実験をやるので，教科書を出して58ページを開いて，ノートも開きましょう。あ，そうそう前回は何をやったのか覚えているかな。そうそう，風を強くすると車は遠くまで行くかどうかを確かめましたね。今日は，ゴムの本数を増やすと車は遠くまでいくかどうかを確かめる実験をしましょう。それではまず今日のめあてをノートに書きましょう。そのあと実験の準備をします。班ごとに道具を取りに来るんだよ。実験が終わったら結果をノートに書いておきましょうね」

　このような話し方だと，子どもは今何をしたらよいかまったく頭に入ってきません。まずは，「すること」を教師が整理しましょう。以下のように整理できるでしょう。

・教科書を開かせる

・前時を思い出させる

・今日やることを確認する

・ノートを開かせる

・めあてを書かせる

・準備の説明をする

・実験結果のまとめ方を説明する

・道具を取りに来させる

　このような順序で話すとよいでしょう。どうすれば子どもがスムーズに動けるか，を考えて，相手意識をもって話すことが重要です。

　次に，整理した内容を「どのように」話すかです。

　一文を短くすることがポイントです。上の場合，次のように話します。

　「教科書58ページを開きます」「前の時間に何を勉強しましたか」「そうですね，風の強さと車の移動する距離を調べました」「今日はゴムの本数を変えて実験してみましょう」「ノートを出します」「新しいページを開きましょう」「めあてを書きます」「今日やる実験で使う道具は車とゴムとメジャーです」「実験結果はノートにゴム一本〇センチ，ゴム２本〇センチ，と書きます」「ここまでで質問ありますか」「それでは道具を班長が取りに来ましょう」このように，一文を短く区切ります。そして，その都度，子どもたちを動かし，できているかどうか確認していくのです。

・相手意識をもって，どのようにしたらスムーズに動けるかを考える。

・一文を短く，簡潔に話そう！

教師が言いたいことは子どもに言わせる

教師が言いたいこと（教えたいこと）は子どもに言わせていく

　教師が教えるべき内容をなるべく，子どもに言わせるつもりで授業をするとスムーズに，かつ子どもたちにとってもストレスなく進んでいきます。

　かつての私は，すべて私自身が言ってしまっていました。

　例えば「子どもの発言のあとの一言」です。

　よい子どもの発言があったら，そのよさやよい理由を全部教師が解説してしまっていたのです。

　実際にやってみれば分かりますが，一言一言教師が口を挟むと，授業のテンポやリズムが崩れます。子どもたちもどんどん友達の意見が聞きたいのに，うんざりしてしまいます。

　教師が言ってしまうのではなく，「今の発言すばらしいと思うんだけど，どんなところがすばらしいかな」と子どもたちに投げかけて考えさせればよいのです。そうすれば，教師が考えていたよさ以外のよさもどんどん子どもたちから出てくるでしょう。

　「言い方がよかった」

　「堂々と話していてよかった」

　「内容が今まで出された意見と違った」

　「他の人と違う考え方をしていた」

など多数のよさが出されていきます。最終的に教師がねらっていた発言が出なければ，教師が言えばいいだけの話です。

授業のまとめの場面

　また，「授業のまとめ」の場面でも同様です。教師が自ら言ってしまうより，子どもの言葉でまとめた方が子どもの中に残りやすいものです。

　例えば，先の例では教師である私が，「登場人物とその状況を結び付けて読むとよい」ということを言ってしまっていました。

　この場面，思い切って子どもに任せてみたほうがよいです。

　「今日，〇〇さんが発表したとき，みんな感心していたよね。どうして感心したのだろう」

　と投げかければ，子どもたちから様々に意見が出されます。

　教師がねらっていたものが出されれば，それを板書してまとめればよいです。もし出されなかったり，うまく言葉で表現できなかったりすれば，教師がうまくまとめてあげればいいのです。

「誘導尋問」になりそう……

　このように，教師が言いたいことを子どもに言わせようとすることは，教師がベラベラ話す授業から脱出する第一歩です。

　しかし，単に教師が教えたいことを子どもに言わせようとするだけでは，ある状況に陥ることがあります。

　それは「誘導尋問」的な授業になってしまうことです。展開に無理があるにも関わらずそのまま強引にに授業を進めてしまい，賢い子が教師の言ってほしいことを探り当てていく授業になってしまうこともあります。

　この状況を何とか克服しよう，とすることで初任者の授業構想力は飛躍的に伸びます。この状況をよしとしてはいけません。しかし，教師がベラベラ喋る授業よりははるかにマシ，ということです。

・教師がすべて言ってしまわないで子どもに言わせる！
・「誘導尋問にならないためには……？」と考える！

ミニ授業記録を残そう

ミニ授業記録を書こう！

「授業がうまくなりたい！」それは，全ての教師が願っていることです。そのために，何をすべきか。私は群馬の深澤久先生に教えて頂き，「授業記録」を書いています。

「授業記録」には「発問」「指示」「説明」の三つの教師の指導言を書きます。それに対する子どもの反応，発言，人数等を書いていきましょう。本来，「授業記録」は，一時間丸ごと記録に残すものですが，それを初任者が書くのはかなりきついものがあります。

そこで，初任者には，「手ごたえがあった！」という場面や，「話し合いが盛り上がったな！」という場面，逆に「これはだめだったなぁ」という場面を切り取って，「ミニ授業記録」を残していくことをおススメします。

以下に簡単な見本を示します。（5年生理科「天気」の授業場面）

発問1「なぜ，お天気雨が発生するのでしょう」

　手を挙げる子がほとんどいない。分からないという表情。

発問2「雨はどこから降ってきますか？」

　25人ほどパッと挙手した。〇〇さんを指名。「雲からです」と答えた。

説明1「そうですね。雨は雲から降ってきていましたね」

発問3「それでは，雨は，雲から離れて，どれくらいで地上の私たちのところにつくのでしょう」

指示1　「班で話し合って予想しましょう」

　班で2分間話し合わせた。

指示2　「発表してください。まとまっていないところは，出された意見を言ってください」

　5秒，15秒，28秒，40秒，45秒，1分，2分という意見が出された。

説明2　「実は雲から離れて地上に着くまで，7分から10分かかるといわれています」

　「えー！そんなに長いの!?」と驚き，口にする子どもたち。

発問4　「それでは，もう一度聞きます。お天気雨はどうして発生するのですか？」

　「あっ！分かった！」と声をあげて挙手したのは10人。一人を指名し，説明させる。「雨が雲から離れてから7分の間に，雲が風で流されて，空からなくなったんだと思います。そうしたら，空は晴れているのに，雨が降っているということになるんだと思います」と説明。聞いていた子たちは，「なるほど！」と声をあげていた。（以下略）

【反省】

初めからお天気雨の仕組みを説明するよりも，自分で考えさせたので，子どもたちの反応がよかった。また，「スモールステップ」で，「雨は雲から降る」という誰もが分かることから発問したので，多くの子を巻き込めた。

　このように授業記録を残すことで，最後の「反省」では，子どもの姿から「子どもに考えさせることの有効性」や「スモールステップの有効性」を学んでいます。この二点は，おそらくほとんどの教師が「文字面では知っている」ことです。しかし，授業記録を書くことで，子どもの姿から，「確かな実感」として学ぶことができるのです。

・授業記録を少しずつでもよいので書いてみよう！

・子どもの姿から学んでいこう！

基本どおりに
やってみないと
分からないことがある

教わっていた「方程式」

　私は，大学院で国語科の指導法について学びました。

　特に大学院での恩師である長崎伸仁先生から，「物語の授業で『〇〇の気持ちは？』と絶対に発問してはいけないよ」と教えていただいたことを強烈に覚えていました。

　長崎先生曰く，子どもたちは元々物語が好きなのに，「〇〇の気持ちは？」という発問を繰り返していくと，表情が暗くなり，まったく学習する意欲を示さなくなる，というのです。

　それから，私は教師になりました。

　当然，「〇〇の気持ちは？」という発問は絶対にしませんでした。

　「〇〇の気持ちは？」という安易な発問はしない，という「方程式」を人から学んでいたのでした。ですから，私が物語の授業をするとき，子どもたちはそれなりにのってきてくれました。

「自分の学び」にするには，やってみるしかない

　しかし，それは私自身が得た「方程式」ではありませんでした。

　あくまでも，伝え聞いた「方程式」でした。

　「本当にそうなのだろうか。『〇〇の気持ちは？』と問うことは本当に子どもたちの意欲を奪うのだろうか」―このように考えるようになりました。

　実際，物語の授業で登場人物の心情について発問するのは，おかしいこと

ではなく，いたって普通のことです。いわば，物語の授業の「基本」ともいえるでしょう。

そこで，私は，ある物語の授業で基本どおり，「主人公の気持ちは？」と発問してみました。

すると，賢い何人かは手を挙げて発言しましたが，「うれしい気持ち」「幸せな気持ち」などが出されただけで，意見が止まってしまいました。

やはり，挙手した人数は少なく，子どもの反応も芳しくありませんでした。特に，支援の必要な子などは伏してしまうほどでした。このとき，本当に自分自身の実感として「心情を直接問う発問は難しいんだ。賢い子しか活躍しなくなるんだ……」という**「自分なりの方程式」**を得ることができました。

■ 実感するだけでなく……

上の「試験」の収穫は，実感を得たというだけではありませんでした。

まず，「なぜ『○○の気持ちは？』という発問がいけないのか」を考えるキッカケとなりました。岩下修先生の『ＡさせたいならＢと言え』（明治図書）などとつなげて考え，**子どもが知的になる際，「間接性」が重要だということに気づきました。**これは，物語の授業以外にも使える概念です。このように，自分でやってみて，なぜダメなのかを考えることで，他の場面にも応用ができるようになるのです。

また，**ダメな発問でも学習を頑張れる子とダメな発問では頑張れない子がいる，ということを知りました。**このことから，学習意欲を示すか示さないかは，子ども自身の問題だけでなく，教師の授業力に関係していることが改めて分かりました。すると，授業をして子どもの反応がよくなかった場合，自分のことを省みるようになりました。「あの子はいつも意欲を示さないから」などという言い訳が通用しなくなりました。

・**自分なりに実際にやってみてこそ，「自分なりの方程式」を得られる。**
・**「自分なりの方程式」を積み重ねていくことが力量アップである。**

「全体を動かすこと」と「個への指導」という視点をもつ

初任者の目は「全体」か「個人」に偏りがち

　子どもに対して授業をする際，「全体」をしっかり動かしつつ，「個人」に目を向けていくことが重要です。

　クラス全体をしっかり巻き込みつつ，個人をしっかり見取り，適切に支援していく……この絶妙なバランス感覚が必要です。

　これが初任者の場合，「個人」を見すぎていて「全体」を動かせていなかったり，反対に「全体」を動かすことばかりに執着し，「個人」に目がいっていなかったりします。

　私は後者の方でした。

　とにかく全体を動かすことだけに集中して，授業を進めていました。そのため，個人が見えていませんでした。

　例えば，音読の指導。誰が上手に読めていて，反対に誰が音読を苦手としているのか。そして苦手なのはなぜなのか。どこでつまずいているのか。これらをまったくと言っていいほど把握できていませんでした。

まずは「全体」に目を向けることが重要！

　学級経営編でも述べましたが，重要なのは「全体」です。

　「全体」というより，「多数」と言ったほうがよいかもしれません。

　初任者の授業でもついてきてくれ，なおかつ学習内容を理解でき，学力が定着していく層の子どもたちです。（地域などにもよるかもしれませんが，

6～8割の子どもたちでしょう。）

この子どもたちをしっかり授業で活動させていくことが重要です。

はじめから，「少数」の支援が必要な子どものことばかりを考えていると「木を見て森を見ず」状態に陥ります。このような初任者が多いです。

全体をしっかり動かすには，やはり「ねらいを明確」にし，「発問や指示を的確」にしていく必要があります。その時間に学習する内容と学習する方法が分かれば，「多数」の子たちは自分で動くことができます。（もちろん，学級が安定していることが大前提ですが。）

そうやって「多数」の子を動かしておき，教師は「少数」の子たちへの支援をしていくのです。

少数の子たちへの指導が教師の力を伸ばす

おそらく初任者であれば，「多数の子をしっかり動かす」ということだけでも難しいことです。ですが，これができるようになれば，初任者の授業としてはまずは OK です。徹底して「多数」を動かすことに専念しましょう。

そしてそれが十分できるようになったら，次に，「少数」の子への指導に力を入れましょう。

実は，この「少数」の子への指導が，教師の力を伸ばしてくれます。

「少数」の子たちへの指導は一筋縄ではいきません。例えば，すでにセオリーのある跳び箱を跳べない子を教えるのは時間がかかりませんが，逆上がりができない子を教えるのはものすごく時間と根気が必要になります。教師が自分の頭で「指導の順序や段階」を考えることになります。例えば，「自分の体を腕で支える」→「斜め懸垂」→「足を上げる練習」→「体を棒にひきつける練習」……といった具合です。この過程が教師の力をぐんと伸ばしてくれるのです。

> ・初任者はまず「多数」の子を動かすことに専念する！
> ・その上で「少数」に目を向け，どうしたらよいかを必死に考えよ！

指導書に「頼る」のは悪ではないが，「頼り切る」のは悪である

便利な，便利な指導書

　教師の便利な「武器」の一つに，指導書があります。

　「赤本」とも言われ，指導書を開けば，単元のねらい，本時のねらい，展開，発問などすべてが書かれています。

　このように，非常に便利な指導書。

　初任者は大いに頼っていいと思います。

　むしろ，授業に臨む際，最低限指導書には目を通して臨むべきです。それが授業の最低限の水準を保ちます。

　ですが，指導書に書かれているのは，「最低限」であり，全国の教室の「最大公約数」的なものです。

　全国の大体どの教室でも行うことのできる授業が書かれています。その反面，自分の教室の子どもたちが食いつき，授業が非常に盛り上がる，という類のものではありません。

　これは，悪いことではありません。

　指導書が全国各地の学校で使われるという特質上，そのようになっているのです。

　あくまでも「一般的授業例」だと捉えておきましょう。

初任者が，指導書の頼るべき部分，頼らざるべき部分

　しかし，初任者にありがちなのは指導書を絶対視し，「バイブル」のごと

く扱ってしまうことです。

　大前提として，教科書には学校教育法で定められた「使用義務」がありますが，指導書にはそれがありません。

　指導書には，「頼っていい部分」と「頼ってはいけない部分」があります。「頼っていい部分」は，「学習のねらい」です。これは学習指導要領に即して各単元，各時間に設定されています。外れはありません。しかも，これを指導書に頼らずに，一から「学習のねらい」を設定するとなると根本的な教材研究が必要になります。初任者にとっては非常に難しいことです。

　一方，「頼ってはいけない部分」は，「展開」や「発問」です。これに頼りすぎると教師の授業力がいつまでも高まりません。指導書や赤本には「一般的な」ものしか載っていないからです。これに対して「学習のねらい」つまりつける力は一般的であるべきものです。教師の授業の力量は，授業の展開や発問にあると言えます。子どもたちが夢中になる，話し合いが盛り上がるような展開や発問を，自分がしっかり教材研究して考えていくことです。

指導書を見ないからこそ子どもの思考に寄り添える

　私の専門教科は国語です。そのため，国語の授業をするときは「指導書は絶対に見ない」と決めています。例えば３年生の「ちいちゃんのかげおくり」では，「最後の場面が明るいから，なんだかちいちゃんの悲しさがなくなる」ということを子どもがつぶやきました。そこで，そのつぶやきを取り上げ，「最後の場面は必要なのか，必要ないのか」という発問をしました。子どもたちは夢中で討論しました。「必要ない」という子は，「ちいちゃんの悲しさが伝わりにくい」と発言しました。「必要」という子は「逆に明るい最後の場面がある方がちいちゃんの悲しさが目立つ」と発言しました。このように，指導書を見ないからこそ，子どもたちと授業を創ることができます。

・初任者の場合「ねらい」は指導書に頼ってよい。
・「展開」「発問」は頼りきってはいけない。自分で考えることが重要！

指導書に頼らない
＝自分がこだわる教科
を一つ決めよ

指導書に頼らないで，自分で１から教材研究する教科を一つもとう

　初任時代から，指導書に頼らず，自分で学習の展開や発問を考える教科，**自分の「こだわりの教科」を一つもつこと**をおススメします。

　「一つの教科を極めれば，その力は他の教科にも通じる」という格言のようなものを一つの教科を極めた先輩方からよく聞きます。

　国語にせよ算数にせよ，「授業」であることに変わりはありません。

　子どもたちが夢中になるにはどのように展開したらいいか。

　子どもたちがつい話し合いたくなってしまうような発問はないか，などを自分の頭を使って考えていきましょう。

　すると，指導書よりも優れた実践を生み出すことができます。

　例えば，４年生の国語で「動いて，考えて，また動く」という説明文があります。筆者が走り方の研究を通して，「まず動く，そして考える」ことが重要だと主張する説明文です。

　指導書では，学習のねらいは「段落相互の関係を捉える」，学習活動は「問いと答えの関係を読む」となっていました。私は，ねらいはこのままでよいと判断しました。段落相互の関係を捉えることは中学年，特に４年生の重要な指導事項です。（先述のように，ねらいは指導書通りでよいことが多いのです。）しかし，学習活動はこれだけでは不十分であるし，何より子どもが乗ってこないと判断しました。

　そこで，「６段落は必要か」という発問を考えました。

　６段落の前の５段落まではずっと「足の動かし方」の研究なのですが，急に６段落で「うで」の話になるのです。そして何より，６段落に書かれた「うでの振り方」は，「右足を前に出したとき，左腕を前に振る，左足を前に出したとき，右腕を前に振る」という，「当たり前」の情報だったのです。

　子どもたちに発問したところ，「たしかに，こんなこと僕たちも知っているからこの段落はいらないよ！」と大盛り上がりでした。話し合いの中で，「筆者は足の例だけじゃなくて，腕の例も出して，説得力を高めているんだと思う」「腕の振る理由をよく考えて，腕を振るのは足を強く踏むためだって気づいたんだと思う。他の足の動かし方も地面を強く踏むためだったし」などと「段落相互の関係」を深く考えた意見が出てきました。

　その後，話し合いは，「それじゃあ，本文の『うでのふり方を考えました』はおかしいよ。『うでをふる理由を考えました』の方がいい！」というように，教科書の本文を「改正」するところまで発展していきました。

　私が初任のときに，指導書とはまったく違う展開，発問でつくった単元です。

　指導書に頼らず，「こだわる」ことで指導書を超える授業を初任のときから目指しましょう。

国語か算数にこだわるべし！

　さて，こだわる教科ですが，基本的には何でも自分が好きな教科をやるべきです。

　しかし，**初任者でしたら，おススメは国語か算数です。**この二つの教科は「ほぼ毎日」あります。ということは，毎日授業をすることになり，こだわればこだわるほど，自分の力量が早く高まります。子どもからしても，毎日ある授業が楽しいほうがいいに決まっています。

- 指導書に頼らない，「こだわる」教科をもとう！
- 国語か算数にこだわるべし！

授業をつくる際の「こだわり方」は？

全時間，全教科にこだわるのは無理！

　小学校の教師は基本的に全教科を指導します。

　一日6時間，担任するクラスの授業をすべて行います。

　それをすべて「こだわり」，1から教材研究し，授業展開や発問を考えるのは無理があります。

　そのため，「こだわる教科を一つ決めよう」と述べました。

　この項では，その具体的な「こだわり方」を紹介します。

「日1・期1」のつもりで！

　全時間をこだわるのは無理なので，「一日一時間は自分なりに展開や発問を工夫した授業をしよう」「一学期に一単元は，こだわった単元をつくろう」と決め，ターゲットを絞っていきましょう。

　初任の年でも，ある程度余裕が出てきた年度後半であれば可能だと思います。

　「日1」の授業であれば，前日やその日の朝，しっかり力を入れて教材研究をします。授業後は記録を書けるとなおよいです。

　「期1」の授業であれば，数ヶ月前から準備を始めます。教材は印刷してバッグに入れておき，常に持ち歩き，通勤などの空いている時間に熟読するようにします。また，教育書以外の本を読むときも，「期1」で授業することを頭に入れておきます。すると，思わぬ発見があることもあります。また，

「期１」の授業は必ず記録を残し，なるべくレポートにまとめるようにします。（レポートの書き方については「自己研鑽編」で詳しく紹介しています。）

指導書やインターネットから「一般的な指導」の情報を収集する

　ここからは「期１」の授業へのこだわり方を紹介します。

　まず，扱う教材や単元に関する「一般的な指導」の情報を指導書やインターネットから得ておきましょう。

　ここでは「一般的にはどうやるのかを知っておく」のです。

　先に述べたように，「一般的」ということは，自分のクラスの子どもたちにとって「ベスト」ではないことも多くあります。

　ということは，改善の余地がある，ということになります。

　例えば，国語の授業では指導書通りの発問だとほとんどの場合話し合いが盛り上がりません。このような現実が自分の課題意識となり，「子どもたちが自分の意見をもち，活発に話し合う授業にしたい！」という自分の「こだわり」となっていきます。

指導論にはどのようなものがあるのかを知る

　次に，指導論に関しての情報を得ます。

　例えば，物語の指導一つとっても様々な方法があります。「通読・精読・味読」の「三読法」が最もポピュラーですが，場面ごとに区切って印刷したものを読ませる「一読総合法」という指導法もあります。まず三次の活動を設定し，そのために読解を進めていく指導法もあります。また，子ども自身に学習問題をつくらせていく方法もあります。

　これらは「知らなくて」は，活用することができません。

教材研究する

　次に，教材と向き合います。「教材研究」するときは，以下のような点を総合的に考えます。

「教材のどこを子どもが理解しにくいのか」

「逆に，どこを子どもが理解したつもりになりがちか」

「子どもの思考がズレるのはどこか」

「どのように発問すれば子どもが深く考えるか」

「子どもの意見はどのように表現させるか」

例えば，5年生の国語の教科書に「生き物は円柱形」という説明文があります。筆者は，生き物の多様性に触れつつ，「その中から共通性を見つけることも面白い」ということを主張するために「生き物の共通性は円柱形だ」ということを示す例をいくつか出しています。筆者が伝えたいのは「共通性を見つけるのは面白い」ということの方だと，分かります。

しかし実はこの文章には「多様性」という言葉の方が多く出てくるのです。しかも結論にあたる最後の段落はほとんどが「多様性」についての説明なのです。一方，「共通性」という言葉は少なく，「円柱形」がそれを示している形を取っています。

このあたりを子どもは理解しにくいのではないか，と私は考えました。そこで，「筆者が伝えたいのは，生き物は多様で面白いということなのか，それとも多様なものの中から共通性を見出すことなのか」という発問をし，討論をするという学習活動を設定しました。

授業の中では「筆者が最も述べたいことが書かれている最後の段落には多様性のことが中心に書かれているから多様性の方だ！」とか「全体を通して多様性という言葉のほうが多い！」などという「多様性派」の意見が多く出されました。これもねらっていた通りです。

一方「共通性派」の方は「結論は確かに多様性のことの方が多く書かれているけど，本論ではずっと共通性のことが書かれている」「円柱形は共通性のこと」「結論でも，最後の最後に共通性を見出すのは面白いと書かれている」と叙述に即して考え，説明文の構造に迫る意見が出されました。最後に「筆者の本当に言いたいことは，序論や結論を中心に読みながら，本論に何が書かれているかを読めば分かる」と子どもたちの言葉でまとめることがで

きました。

　このような授業展開や子どもから出された意見は，指導書はもちろん，どの実践書にも載っていません。つまり，私が子どもたちと「創った単元」だといえます。それができたのも，子どもの視点に立って，１から教材研究したからです。

こだわり教科の実践書は「あらかじめ」読まない方がよい！

　最後に，様々な実践が載っている実践書などから，実践を知ることも重要です。これは，はじめに調べた「一般的な実践」とは異なります。

　実践家が創りあげたオリジナルの実践や，ある主義で統一された実践集です。

　これらを読むことも大いに勉強になりますが，私はこの類の本は読まずに自分の実践構想をすることにしています。

　例えば，「大きなかぶ」で野口芳宏先生の有名な発問に「おじいさんは何と言っておばあさんを呼んできたでしょう」というものがあります。これを知ったとき，「なんて面白い発問だろう」と唸ったものです。しかし，これを知ってから「大きなかぶ」を教材研究してもその発問や野口先生の視点で頭がいっぱいになってしまうのです。そうすると自分の視点で教材研究できず，自分の実践を創れなくなってしまいます。

　私の場合，実践を構想した後，実践書を読むようにしています。そのとき，丸っきり同じ実践が見つかることはほとんどありませんが，同じような実践が見つかることがあります。それはそれでアリだと私は思います。最初から実践書を読み，その実践を知り，マネするのではなくて，自分なりに課題を持ち，教材と向き合い，構想したものがたまたま実践書の実践と同じでも，その「構想する過程」で教師の力量は確実に鍛えられているからです。

・「日１・期１」で授業にこだわる！
・教材研究は「子どもの視点」に立つこと。

4

コミュニケーションが肝心要！

味方を増やす職員室・保護者 対応編

「ホウレンソウ」を確実に！

職員室で信頼される人に！

初任者にとって，職員室で「この初任は安心だな」と思われるのか「この初任，大丈夫かな……？」と思われるのでは，その後の仕事のしやすさに格段の違いがあります。

職員室で信頼される初任者は「報告・連絡・相談」という「ホウレンソウ」のしっかりできる人です。

社会人として当たり前のこととされる「ホウレンソウ」ですが，苦手な人がいます。

そもそも初任者はまだ正式な採用ではなく，仮採用のようなものです。

ほとんどすべての人が二年目になれば正式な採用になりますが，立場的にも「危うい立場」だということを自覚すべきです。

なぜ「ホウレンソウ」が大切なのか

初任者が「ホウレンソウ」を怠ることが嫌がられるのは，**初任者を監督・指導する責任にある管理職が困るからです。**

初任者が何か失敗をしてしまったり，クラスで問題が起こったりしたとします。

そのとき，管理職は「知らなかった」では済まされないのです。

「監督不行き届き」ということになります。

迷惑をかけないためにも必ず「ホウレンソウ」をしましょう。

　「ホウレンソウ」ができなくて，管理職から目をつけられてしまっているという初任者を目にしたことがあります。

　きっと，「ホウレンソウ」を怠ってしまう人は，「迷惑をかけてしまう」とか「怒られる」などと考え，怠ってしまうのだと思います。

　しかし，「ホウレンソウ」しないことの方が管理職にとっては「迷惑」ですし，多少怒られるかもしれませんが，後々問題が大きくなってから知られるよりはずっとマシです。

どんなときに「ホウレンソウ」すべきか

　とはいえ，管理職の先生方も非常に忙しい日々を過ごしています。何から何まで「ホウレンソウ」するわけにはいかないでしょう。

　何を管理職に伝えるべきで，何を伝えなくてもよいかの基準は意見の分かれるところです。

　まずは学年主任や初任研担当の先生など身近な先輩に細かく「ホウレンソウ」する癖をつけましょう。

　子どものこと，授業のこと，保護者のこと。

　細かいことでも気になることはすべて伝えておくようにしましょう。

　すると，学年主任の方から「それは管理職に伝えておいたほうがいいよ」などと教えてくれます。

　そのような指示がない場合はこちらから「管理職に伝えたほうがよいですか？」などと聞いてもよいでしょう。

　また，「報告」「連絡」「相談」は並列関係ではありません。悪い知らせを事後「報告」するより，未然に「相談」しておくべきです。

　職員室で何でも「相談」できる関係の先生を見つけておくことが重要です。

・「ホウレンソウ」を怠ると他の人に迷惑がかかることを自覚すべし。
・身近な先生に細かく「ホウレンソウ」すべし。

「教えてください」で質を高める

「相談」よりも未然に問題を防げる「質問」

事前に「相談」しておくことが重要だと述べました。

「いじめが起こってしまいました」と「報告」するよりも，「教室の雰囲気がよくない。いじめが起こってしまいそうな気がする」と「相談」した方が未然に問題を防ぐことができます。

しかし，「相談」よりももっと先にできることがあります。

それは，「質問」です。

「いじめが起こらないようにどうしたら子どもの仲を深めることができますか？」

「〇〇の単元をどう指導したらいいですか？」

「忘れ物の指導をどうやっていますか？」

などと，他の先生方に「質問」するのです。

例えば，初任研で様々な先生の授業を参観する機会があるでしょう。

その日の放課後にでも授業についてやクラスのこと（雰囲気，掲示物など）について質問するのです。

「質問」することのよさ

まず，質問をすることで，自分に情報がたくさん入ってきます。

学校中の先生方から「いいところ」を質問で引き出し，自分なりに生かしていけば，学級経営や授業が安定して，クラスで問題が起こる可能性も低く

なっていくでしょう。

　また，質問をすることで，先輩の先生方から可愛がられるようになります。

　何も一緒に飲みに行ったり，遊びに行ったりするだけが可愛がられる秘訣ではありません。

　教育に関することを熱心に質問すればよいのです。

　必ずしも教えてもらった通りにやる必要はありません。自分なりに取捨選択していけばいいのです。

　ですが，もし教えてもらったことを生かして実行する場合は，教えていただいた先生に「この前教えていただいたこと，やっています！　とてもいいですね！」と感想を一言伝えると，もっといろいろなことを教えてくれるようになります。

　教師は基本的に「教えることが好き」ですから，初任者から「教えてください」と言われることは非常にうれしいことです。

　質問することを続けていけば，おススメの本を紹介してもらえたり，自分の研究会に呼んでもらえたりするかもしれません。

　積極的に質問をすることで，職員室での人間関係がうまくいき，しかも力量アップにつながります。一石二鳥です。

「自分でできます」という顔をしてはいけない

　一方，初任者なのに「自分でできます」「自分で考えます」という姿勢はよくありません。（こういう初任者が増えているように感じます）

　そういう気持ちは必ず態度に出てしまいます。

　初任者のときくらい，「すべての先生方から学ぶ」という気持ちでいましょう。

　そのような姿勢は必ず誰かが見ていてくれますし，評価してくれます。

・「質問」は先輩との最高のコミュニケーションツールだ！
・謙虚な姿勢が「質問」につながる。

分からないことは
必ず聞く，聞きすぎる
くらい聞く！

独自の判断が一番マズい！

初任時代，今考えただけでも「恥ずかしい」失敗があります。

一家庭ごとに100円の集金をしていて，一家庭分だけ足りなかったことがありました。（防犯登録のための100円でした。）

私は焦りませんでした。

「100円くらい自分で払って埋め合わせてしまえばいいや」

とのん気に考えていたからです。

「最終的に金額が揃っていれば何も問題はないだろう」と勝手に決め付けていたのでした。

しかし，念のため学年主任に質問することにしました。

「実は集金が100円足りないのです。もしかしたら誰かが払っていないのかもしれません。ですが，一人ひとり確認することも今からはできないので，自分で埋め合わせてしまおうと思っているんですが，いいですよね？」

すると，学年主任の先生は，

「それはまずい。それを今年土居さんがしてしまったら，その保護者はきっと100円払わないと登録できないということを知らずに来年度になってしまうよ。そうしたら来年，100円払ってくださいと請求しても，『昨年度は払いませんでしたが？』という風に言うと思うよ。そうしたら来年度の担任の先生が困ってしまうよ」

私はハッとしました。

私は「目の前の」のことだけしか考えていなかったのです。

　もう少しで「独自の判断」をして，迷惑をかけるところでした。本当に学年主任に質問しておいてよかったと思いました。（結局，もう一度よく探して，封筒の中に入っているのを私が見落としていただけでした。）

■特に校務分掌の仕事などは必ず質問をする

　特に，校務分掌の仕事など，「学校全体に関わる仕事」については，前任者によく質問しておきましょう。その仕事の内容，方法に関して聞くのは当たり前ですが，以下のことも確認しておきましょう。

・その仕事で最も気をつけたほうがよいこと
・大まかなタイムスケジュール（〇月までに何を済ませるべきか，〇月ごろ手をつけ始めるべきかなど）
・その仕事をする上でのコツやポイント
・前年度の提案書類の電子データの有無

　これらを聞いた上で，「また分からないことがあったら質問させていただいてもよろしいでしょうか」と今後再度質問することがあることを伝えておくと丁寧です。

■一度質問していても……

　初任者は覚えることが多く，一度でなかなか覚えきれないこともあるでしょう。忘れてしまったときは正直に「もう一度教えてください」と教えてもらうようにしましょう。とにかく，「独自の判断」でやってしまい問題を起こすことだけは避けましょう。

・「独自の判断」をして迷惑をかけないために「質問」する！
・学校全体に関わる仕事ほど，しっかり質問すべき！

すすんで雑用しよう
—自分が「貢献」できることを探す

初任者の武器は「若さ」

他の先生方と比べての初任者の武器は，多くの場合「若さ」です。

それを生かすことくらいしか，他の先生方に貢献できることはありません。**フットワークを軽くし，積極的に「雑用」をしましょう。**

誰でもできる「単純作業」は，「自分の仕事だ！」と思って取り組むことです。

例えば，以下のような場合です。

年度初めに注文した教材が大量に学校に届きます。それを各クラスに人数分運ぶ必要があります。

そのような仕事は初任者にもできる仕事です。

どんどんやりましょう。

また，学年全体で使う印刷物があるとき。

印刷すること自体は簡単なことですから，どんどん引き受けましょう。

また，教頭先生などから職員室で「お手すきの先生方一」と声がかかったとき。

手が空いていなくても，駆けつけましょう。

そのような「姿勢」が初任者には必要です。

雑用も楽しく！

せっかくですから，雑用も楽しくやってしまいましょう。

例えば，印刷。

学校はいまだに「紙文化」です。

これから学校でもペーパーレスになっていくと思われますが，少なくとも向こう十年ほどはこのような状況が続くでしょう。

そのため，教師にとって「印刷」は仕事の一部であり続けるでしょう。

印刷機には様々な機能があります。

機種にもよりますが，「裏表印刷」「ホッチキス止め」「ハイスピードモード」など，知っていると使える機能がたくさんあります。

雑用しているときに，自分の学校の印刷機にどのような機能があるのか調べておくとよいでしょう。

そうすると，印刷が楽しくなってきます。

また，「どうしたら効率よく，すばやく印刷できるか」などと考えながら仕事をすると，単純作業でも楽しくなってきます。

そして，そうやって見出した機能や方法は自分の仕事を効率よく進めることにつながり，結果的に自分のクラスにも還元していくのです。

その他の「貢献」の仕方

若さを生かした雑用以外にも他の先生方に貢献していく方法を考えていきましょう。

一番は教育実践で成果を上げ，他の先生方から「そのやり方教えてよ」と言われることですが，これは初任には難しいことです。しかし，「目標」として見失ってはいけません。

他には，パソコンなどの「情報機器の使い方」や「英語などの外国語」などが考えられます。**どうやったら自分が職場に貢献できるか，という視点を持っていきましょう。**

> ・「若さ」「体力」を生かして貢献できるのは「雑用」である！
> ・自分の強みを生かして，何か貢献できないか，を常に考える！

「感謝」の気持ちを もって仕事すること

初任者はラクさせてもらっている！

なぜ初任者が職場への貢献をすることを目指すのか。

それは，**初任者は大きく「ラク」させてもらっているから**です。

先に，「教師は初任者からクラスを担任するという，他の先輩と同じ仕事を任される大変さがある」と述べました。

しかし，クラスを担任するということ自体は同じですが，その他の仕事に目を向けると，やっぱり初任者は「ラク」です。

例えば，校務分掌です。

主任になることはほとんどないか，なったとしてもそこまで大変ではない部門の主任であるはずです。

とにかく「自分のクラス」に全力を注げるよう，配慮されているのです。

これが2年目，3年目になると一変します。

早い人では体育主任など，学校全体を動かさなくてはいけない仕事を任されることがあります。

そうなってくると，「自分のクラス」に全力を注ぎたくてもそれができないときも出てきます。

また，担任する「クラス」のラクさでも同様です。

これも実は，ベテランと同じようで同じではありません。

前年度にクラス編成をする際に，「初任者のクラス」として編成されていることが少なくないのです。

　「初任者のクラス」とは，どんなクラスかというと，「穏やかで真面目な子が集まったクラス」です。

　言い換えれば，「手のかかる子が少ないクラス」ともいえます。

　ですから，普通は初任者のクラスでは授業や学級経営は行いやすいようになっているのです。（ただし，若手教員が増えたことによって，通常であれば初任者には任せないようなクラスを割り振るという事例もないわけではありません。）

知っているか，知っていないかが重要

　このような事情をしっかり知っておくことが必要です。

　初任者は初めての仕事をするわけですから，日々を送るだけでいっぱいいっぱいになってしまいがちです。

　「なんて忙しい仕事なんだ……」

　「はじめからこんなにやることがあるのか……」

などと思ってしまうことがあると思います。

　しかし，実は他の先生方とは比べ物にならないくらい，大きく「ラク」させてもらっていることが多いのです。

　この事実を知り，感謝の気持ちを持つことで，他の先生方との関係もよくなり感謝の気持ちをもつことで，それが態度に表れます。

　また，感謝の気持ちを持ち，それを「行動」で表現することです。

　その一つが前項に挙げた「雑用」であり「貢献」です。

　そのような姿勢があれば，職員室で信頼を得られるでしょう。

・自分は「ラク」させてもらっているという意識をもつこと！
・感謝の気持ちを「行動」で表現すること！

自分はどんな仕事を
したいのかアピールせよ

どんな仕事をしていきたいのか

　初任のときは学校で働くことに適応することに専念すべきですが，段々余裕が出てきたら学校の中でどんな仕事をしていきたいのかを考えるようにしましょう。

　どんな仕事をしたいのか，は自分がどんな教師になっていきたいのか，ということです。

　授業を第一にしていく教師になりたいのか，児童指導に力を入れていきたいのか，行事で子どもを育てることに興味があるのか，などです。

　自分の研究していきたい分野を決める，ということです。

　もちろん，それは生涯のものになるかもしれませんし，数年研究した後，違う分野を研究したくなるかもしれません。

　それはそれでいいのです。

　また，必ずしも一つでなくてもよいと思います。しかし，あれもこれもとなるとなかなか深まりません。

　大事なのは，「このことに興味がある！」というものを持つことです。

　それがないとなかなか上達していきません。「こだわりを持つ教科を決めよう」というのも同じ理由です。

　私の場合，それは「授業」でした。

　とにかく授業をしっかりできる教師になりたいと願いました。

立場が人を育てる

　自分が力を入れたいことが決まったら，まずは学校の中で関連する仕事ができるようにするべきです。

　理科について興味があれば，「理科部」に入れるようにするのです。児童指導について興味があれば「児童指導部会」に入れるようにするのです。

　そのことを考えねばならない立場に身を置くのです。そうすれば嫌でも勉強することができます。

　もちろん，初任の年には無理かもしれません。あらかじめ決められていることもあるからです。

　ですが，２年目，３年目になるときには，自分が行きたい方向へ行けるように「アピール」するのです。

　例えば私は，初任の年，「授業で勝負したい」「国語を研究したい」という思いから，**ある程度準備した授業をする際は必ず校長に指導案を渡し，授業を見に来ていただいていました。**そして毎回アドバイスをもらっていました。私は，この取り組みを初任の４月から続けていました。そうしたことが期せずして「アピール」になっていたようです。その校長先生は私が２年目の年に定年退職されましたが，次年度の研究主任に私を指名してくださいました。

頼まれた仕事は断らない

　「自分のしたい仕事ができるようにアピールすること」と同時に，「頼まれた仕事は断らない」ことが大切です。

　それがきっかけでどんなことに興味をもつようになるか分かりません。もちろん，初任者及び若手は，仕事を選べるような立場でもありません。

　「すべて勉強になる」「すべてを楽しむ」という気持ちで仕事に臨むことです。

　・「自分がどんな仕事をしていきたいのか」をもつこと！
　・アピールしつつ，頼まれた仕事は絶対に断らず楽しむこと！

保護者にはとにかく「真面目さ」と「熱意」をアピールせよ

非常に緊張した初めての保護者懇談会

　初任の年，私が最も緊張したのは保護者懇談会でした。

　子どもと初めて会うときもそれなりに緊張しましたが，保護者と会うときの方が緊張したのを覚えています。今でも，自己紹介をしたとき，用意していたことを忘れてしまい，頭の中が真っ白になったのを思い出します。

　ですが，緊張でコチコチになりながらも真面目に教育に打ち込んでいくということをアピールした私を，保護者は温かい目で見てくれていました。

　「初任ということで分からないことも多く，ご心配をおかけするかもしれません」

　と言う私に向かって，あるお父さんは

　「あぁ，先生は初めてなんですね。でも，私はそれくらいの先生の方が熱意があって，自分の息子にとってもいいと思っていますよ。息子のこと，どうぞよろしくお願いしますね」

と言ってくれました。

　それまで入っていた肩の力が，スッと抜けたのを覚えています。

保護者は初任者に多くを求めてはいない

　保護者にとって，初任者は多くの場合「年下」です。

　保護者は子育てを経験していますが，初任者は多くの場合，それを経験していません。

　そのため，保護者の立場に立ってみると，「初めての先生にたくさんのことは求められない」と思うのが普通です。

　ほとんどの保護者は，そのように思ってくれています。

　「あれもしなくては」「これもしなくては」
と焦る必要はありません。

　「お子さんをしっかり見ていきます！」「自分も子どもたちと一緒に成長していきます！」という真面目さと熱意を伝えていけばよいのです。

学校で起こってしまったことに対して責任をもつ

　とはいえ，学校でもしも何かが起こってしまったときは，担任が責任を負うべきです。

　例えば子どもがケガをしてしまったとき。

　それが教室内であれば完全に教師の責任です。

　登下校の際にケガをしたとしても，指導が行き届いていなかった，といえます。

　保護者にはしっかり経緯とどのように対応したかを説明します。

　家を訪ねて直接話すのが理想でしょうが，電話で説明することも現実的にはあります。

　そして，「この度は学校でこのようなことが起きてしまい，私の責任です。申し訳ありません」と誠意を込めて謝罪します。

　ほとんどの場合，保護者は「こちらこそご迷惑をおかけし，すみません」と言ってくれます。ただ，単独のケガではなく，相手のいる件（叩いてケガをさせたなど）であれば，しっかり管理職に相談して慎重に対応しましょう。

・初任者はとにかく真面目に，熱意をもって！
　保護者は大きな期待はしていない。
・学校で起きたことには，すべて責任をもつ。

クレーム対応には
「落ち着いて」「共感する」

「ほとんど」や「多くの」に当てはまらない保護者もいる

　先の項では，初任者には「ほとんど」の保護者は多くを期待しないものだし，真面目さと熱意を伝えていけばうまくいく，と書きました。

　しかし，例外ももちろんあります。

　「ほとんど」としたのは，それに当てはまらない保護者もいるからです。

　そして，教師が「保護者に悩まされている」という場合，その多くが「ほとんど」に当てはまらない保護者です。

　このような保護者は，自分の要求をストレートに押し付けてきたり，クレームを言ってきたりします。

　この項ではその対応を考えたいと思います。

クレームがきた！　どうする！？

　例えば，「宿題が多すぎる」とか「なぜリレーの選手になれなかったんだ」などというクレームの電話がきたとします。

　まずは，**「落ち着いて対応する」**ということです。

　一番いけないのは，クレームが来たことで慌ててしまい，安易な発言をしてしまうことです。**「クレームがくる＝自分の間違い」ではありません。**

　上の例の場合，「宿題を減らします」と宣言してしまう。「リレーの選考をもう一度行います」と勝手に約束してしまう，のはいけません。

　そもそも，相手の保護者も「困っている」からこそ，クレームの電話をし

134

てきています。

「担任を困らせてやろう」とか思っているわけではありません。

「相手も困っているのだ」という思いをもちましょう。

その上で，**「共感」を示すこと**です。

「宿題が多かったですか。塾や習い事もあって忙しいですものね」

「リレーの選手になれず，私も非常に残念に思っていたところでした」
などと共感を示します。そして，

「学校のことでご心配をおかけし，申し訳ありません。もう少し詳しく事情を聞かせていただけますか？」
と，話を聞く姿勢をとります。相手の話にはしっかりと耳を傾けます。

「自分勝手な！」とか「何を言っているんだ！」などという思いから，相手に言い返してしまいそうになることもあるはずです。

しかし，それは火に油を注ぐことになります。相槌を打ちながら聞くことに徹します。そして，

「お気持ちはよく分かります。学年主任や管理職と相談し，このことについては後日またご連絡させていただいてもよろしいでしょうか」
と，後日の連絡にした方がよいです。時間を置くと「怒り」も冷めてくることがあるからです。その後，管理職等に相談し，指示を仰ぎます。同時に，当事者である子どももともしっかり話し合います。先述のように，子どもが不満を持っていることがクレームにつながることが多いからです。

後日，電話での連絡で納得してもらえない場合は，学校に来てもらい，管理職を交えて直接話しましょう。電話は相手の顔が見えないという特性上，つい「言い過ぎて」しまうものです。顔と顔を合わせて話すことで双方冷静に，建設的に話を進めていけるようになります。

・保護者も「困っている」という気持ちをもつこと。
・「クレーム＝自分の間違い」ではないので，落ち着き，しっかり話を
　聞くこと。

保護者に「よく見てくれている」と思わせれば勝ち！

攻めの保護者対応を！

「クレーム対応」は，起きてしまったことに対する「対症療法」です。

いわば「守りの保護者対応」と言えるでしょう。

起きたことに対して対応するだけではなかなか保護者の信頼を得られません。

積極的に保護者の信頼を得る「攻めの保護者対応」もしていきましょう。

子どもを伸ばす力がまだ低い初任者のうちは，**「先生は子どもをよく見てくれている」と思わせれば勝ち**です。

ここでは，「学級通信」と「連絡帳」の二つを用いる方法を紹介します。

学級通信で伝える

学級での出来事や行事での子どもの様子を学級通信で保護者に伝えましょう。

その際，「大きなこと」ばかり書いていてはあまり面白くありません。例えば「運動会がありました！」とか「遠足に行きました！」などです。

漠然とした情報ばかりの通信は読んでいても「へー」ぐらいにしか思いません。

それよりも**「小さなこと」を書きましょう。**

例えば以下のようなことです。（私の書いた学級通信より）

「今日，いいなと思ったことがありました。図工の授業後，○○さんと○

○さんは，いち早く自分の絵具の片付けを終え，みんながパレットを洗っているとき，他の人の机を元に戻していました。『自分のこと』をした上で，プラスアルファでみんなのために役立つことをできる，そんな一人ひとりになっていってほしいなと思います」

　日常の細かいことを書こうとすればするほど，情報が具体的になっていきます。すると，読んだ側は，「先生はこういうところまで見てくれているんだ」と思ってくれるはずです。
　学級通信については，注意点が二点あります。
　第一に，発行する際は学年主任や管理職に了承を得ましょう。
　第二に，子どもの名前を書いて，日常のよいことを伝える場合，偏りがないように注意しましょう。つまり，全員をしっかり見る必要があります。

連絡帳で伝える

　連絡帳を用いて保護者に伝える方法もあります。
　例えば以下のようなことを書いて，「お母さんに見せてね」と言って子どもに渡します。
　「お世話になっております。今日うれしいことがあったので書かせていただきます。休み時間に○○さんがいつものグループの子とは違う子も誘ってみんなで遊んでいました。自分から声をかけていて，それを見ていて私もうれしくなりました」
　面談時に保護者から「同じ子達としか遊んでいないようだ」と相談を受けていた子です。
　このように，「個人的な問題に対する改善の様子」などは，個人的に連絡帳でお知らせするのもよいでしょう。

・「攻めの保護者対応」で積極的に信頼を得よ！
・学級通信や連絡帳で具体的に伝えよう！

初任のうちに必ず身につけたい！

デキる教師になるための
仕事術編

早く帰る人ほど伸びる！

早く帰ると心に決める

　教員の労働環境が話題になっています。

　中でも労働時間の長さ（残業時間の長さ）が深刻だと言われます。

　特に初任の年は，仕事に慣れていないので，余計に帰宅するのが遅くなることでしょう。

　初任の先生が夜遅くまで残っているのは，今の学校現場では至って普通の光景となってしまっています。

　このような状況を打破するには，テストの採点，ノートのチェック，アンケートの集計，などの「学級事務」を素早くこなすことです。

　残業続きで帰宅が遅いとよくないことだらけです。

　まず，疲れがたまり，子どもと接するときに余裕がなくなります。

　また，日々を「こなす」のに精一杯なため，読書する，授業記録を書くなどといった「自己研鑽」に時間を割けなくなります。

　「初任校時代からバリバリ活躍する教師になる！」という観点ではこの「自己研鑽に時間を割けなくなる」のが一番痛いことです。

　ですが，若い先生ほど「時間がある」のをいいことに，遅くまで残業しているものです。

　若い先生ほど「自己研鑽」が必要なのにも関わらず，です。

　子どものためにも，そして自分のためにも，「意地でも早く帰る」と心に決めることです。

どうしたら早く帰れるのか

　子どもがいる時間から，学級事務をこなすようにすればいいのです。

　これを意識するだけでグッと早く帰れるようになります。

　子どもがいる時間は，教師の就業終了時刻の約一時間前くらいでしょう。その一時間だけで授業以外の仕事のすべてを終わらせることはできません。それくらい教師の仕事は授業以外にたくさんあります。

　ですが，子どもがいる時間から，○つけする，アンケート集計を終わらせる，ノートをチェックしておくということをやってしまえば，子どもが帰った後はほとんどヒマです。

　とはいえ，初任のはじめの頃は無理かもしれません。授業を進めていくのに必死だと思います。ですが，段々慣れてきたら学級事務を効率よく，子どもがいる時間から進める方法を考えるようにしましょう。

「早く帰る先生」ほど，伸びる

　早く帰る先生ほど，力量が伸びます。

　早く帰ることによって，自己研鑽に時間を割くことができるからです。22時や23時まで学校に残り，日付が変わりかけた頃に自宅に着き，玄関でそのまま寝ていた……実際にこのような話は若い先生からよく聞きます。

　もちろん，時期によって忙しいときもありますが，こんな毎日を送っていたら，読書する，授業記録を書く，授業構想するなど教師が伸びていくのに最も重要な「自己研鑽」をする暇があるでしょうか。少なくとも私には無理です。ですから，私は基本的に定時退勤を続けています。

　ある程度「余裕」があるから，「授業のここを変えてみよう」とか「あの本を読んでみよう」とかいう思いが湧いてくるのです。

・「残業時間」を減らすことが教師の力を伸ばすことにつながることを自覚し，徹底して学級事務の効率化を図ろう！

「本日のゴール」を設定しよう

「見通し」をもつと安心して仕事に取り組める

　早く帰るには，早く仕事を終えるしかありません。

　しかし，困ったことに初任者は「自分の仕事が終わったのかが分からない」という状況があります。

　冗談のようですが，本当の話です。

　私もそうでした。

　必死に○つけを終えた，週案も提出した，ノートもチェックした。だけどまだ何か終えていないことがあるかもしれない……。でも，それが何だか分からない。よって，帰れない。

　「自分の仕事」を把握していないからこそ起こる現象です。

　逆に言うと，「自分のすべき仕事」を把握すれば，「どこまでやったら帰れるのか」が見えることになります。

　このように「見通し」をもてば，その日の仕事に安心して取り組むことができます。

朝のうちに「本日のゴール」を設定し，机に貼る

　朝のうちに，今日ここまで仕事を終えれば帰れる，という「本日のゴール」を設定し，付箋に書いて机に貼りましょう。

　少し経験を重ねてくればいちいちこんなことをしなくても自分なりにこなすことができるようになりますが，初任や若い先生は上のように「自分の仕

事を把握」することさえできていないことが多くあります。

　はじめのうちは，学年主任や先輩に，「今日絶対にやらなくてはいけないことって何がありましたか？」などと質問しましょう。期限が迫った提出物や絶対に子どもに配布すべきプリントの存在などを教えてくれるはずです。

　とにかく，自分が何をすればいいのかをはっきりさせましょう。その意味で「本日のゴール」は重要です。

　具体的には，以下の三つのことを書きましょう。

①クラスのこと

　これを把握することは比較的簡単です。その日までに終えておかないといけない仕事を「本日のゴール」として書き出します。ただし，授業準備は入れなくて大丈夫です。これを入れると，いつまでも帰れませんし，場所を変えて家に帰ってから行った方がよい発想が生まれると個人的に思います。

②学年の仕事

　学年会資料を参照しましょう。

　例えば，実行委員を動かす仕事，印刷物，資料作成などがあるでしょう。しっかり「本日のゴール」に設定しましょう。

　忘れてしまうと，学年全体に迷惑がかかってしまいます。

③学校全体に関わる仕事

　実は，この仕事が一番忘れがちなのです。

　クラスの仕事や学年の仕事と違って，高頻度で行う仕事ではないことが多いからです。忘れずに「本日のゴール」に位置づけるには，忘れない工夫が必要です。次項で紹介します。

> ・初任のうちは「ゴール」を設定することが望ましい。
> ・クラス，学年，学校の三つの仕事を確実に「ゴール」に組み込もう。

一年間の仕事一覧を作成し，いつでも見られる場所に掲示する

「早く帰宅する」ことの意外な落とし穴

初任の年から，私は早く帰宅する方でした。

定時帰宅も珍しくありませんでした。

ある日，クラスの仕事を終え，学年の仕事も終え，意気揚々と帰ろうとしていたら，「土居さん，今月の児童数の報告まだ？」と教務主任の先生に声をかけられたことがあります。

私は月に一度，各学級の人数の増減を把握し，職員室の人数表に書き込む仕事を担当していました。

その日は，すっかり忘れていたのでした。結局その後一時間ほど残業をして帰ることになりました。

若い先生，特に初任は「自分のこと」をこなすのに精一杯になりがちです。そのため，**視野が狭くなりがち**です。

そのため，「クラスの仕事」，せいぜい「学年の仕事」が終わったら「今日の仕事は終わりだ！」と思ってしまうのです。

上のような，「月に一度」の学校全体の仕事は，視野から外れてしまうことがあるのです。

しかし，このような仕事は学校全体に関わる仕事です。忘れてしまっては，学校全体に迷惑がかかります。

忘れないようにするには何かいい方法はないか，とずっと考えていました。そして編み出したのが次の方法です。

「一年間の校務分掌仕事一覧」を作成し，掲示する

　それは，「一年間の校務分掌仕事一覧」を年度初めに作成し，つくえの上の必ず目につくところに掲示することです。以下のようなものです。

　ポイントは「いつ頃その仕事をするか」ということも，前任者などから聞いておき，書き込むことです。そうすることで，「そろそろ手をつけておこう」と言う具合に，「本日のゴール」に組み込むことができ，忘れずに済むのです。

　初任の年からこれを作成するのは難しいかもしれませんが，次年度を見越してつくってみることをおすすめします。

・初任者は「学校全体の仕事」を忘れがちである。
・忘れないために，「一年間の校務分掌仕事一覧」を作成，掲示すること。

○つけのポイント

終わった子からつけ始める

初任者は，テストの○つけに多くの時間を割いています。

夜遅くまで学校に残って○つけをしている初任者を多く見てきました。

そうならないための秘訣をお教えします。**テストは，終わった子から持ってこさせて，即座に○つけを始めればいいのです。**

目標は，「その時間中に○つけを終えること」です。名簿に転記まで終えられれば，返してしまいましょう。放課後まで取っておいて，ゆっくり職員室でおしゃべりしながら○つけをし始めると，時間がいくらあっても足りません。

そもそも，テストは何のためにあるかというと，学習の成果を確かめ成績を付けるためと，できないところをハッキリさせ復習するためです。

中学高校と違い，小学校では後者の意味合いも強いものです。

であれば，子どもにとっても，テストをした記憶が明確にあるうちにテストを返してもらった方が，即座に復習もすることができます。これを一週間後などに返されても，記憶があいまいになっていて，復習というより，「間違いを直す作業」になってしまいます。

テストの○つけは「早く帰れるか否か」に大きく響きます。

スピーディーに行えるように訓練しましょう。

「答え」はイチイチ見ない

○つけする際，答えを一問一問確かめてやると非常に遅くなります。

　答えは覚えて，〇つけをしましょう。

　そうすると，無駄な視点の移動がないのでダーっと一気に済ませることができます。

　最初はテストの答えすべてを覚えるのは難しいでしょうから，以下のように半分ずつくらいにするとよいでしょう。

〇全員分のテストの表だけ，答えを覚えて一気につける

↓

〇全員分のテストの裏だけ，答えを覚えて一気につける

　答えの覚え方ですが，子どもにやらせているときに，自分が一度解くと覚えやすいです。（もちろん模範解答をジーっと睨んで覚えられればそれでよいです。）

　覚えにくいのは「記号」のところです。ここだけは「①イ②ウ③ア④オ」なら，「イウアオ」を口に出して何回かつぶやきながら〇をつけましょう。そうすれば覚えられて，一気にダーっとつけられるようになります。

即座に転記しよう！

　名簿への転記は，パソコンを教室に持ち込めるのであればすぐにデータで打ち込んでしまいましょう。

　無理ならば，名簿に書いておき，後で職員室に戻ったときに打ち込みましょう。

　ここまで終えれば子どもに返せます。

　遅くとも翌日には返すようにしましょう。ただし，職員室に持っていって〇つけをせずに，です。

・「終わった子から」「答えを見ずに」やればすぐ終わる！
・初任者の目標は，職員室で〇をつけずに，「翌日まで」に返すこと。

ノートは必ずその日の うちに見て，評価して しまう

ノートをためこんではいけない

授業後，「とりあえず」ノートを集めて，教卓に積んでおき，放課後ダラダラとチェックする……。

こうしていては，帰る時間はどんどん遅くなっていってしまいます。

子どもがいるうちから，「教室で」，どんどんチェックしていきます。

テストも同じですが，職員室に持っていくことはやめましょう。教室ですぐに見てしまいます。

名簿を大量に印刷しておく

名簿表を大量に印刷しておき，教室に置いておきましょう。

そして，ノートをチェックすると同時に評価してしまい，名簿にメモしておきましょう。

別々にやると時間がかかります。

ノートチェックすると同時に評価も終え，あわよくば所見が書ける子もいるかもしれません。

見る観点を決める

漠然とノートを見てはいけません。

その日にノートを見る観点を決めると，チェックするスピードが上がります。

　例えば，国語の物語の授業で初発の感想を書かせたとします。

　この場合，子どもたちが

「どの場面に注目しているのか」「どの人物に注目しているのか」

など，次の学習の展開に関わるところを重点的に見るようにします。

　社会科で「資料を見て気づいたことをたくさん書こう」と投げかけたのであれば，「個数」「どの資料を見て気づいたことかを書いているか」「資料と資料とをつなげて考えているものはないか」などを見ます。

　つまり，教師のねらいに即してノートを見るということです。

コメントは書かなくてもよい

　コメントはいちいち書かなくてもよいと思います。

　コメントを書くと一人ひとりとつながることができる，一人ひとりの頑張りを大切にしていると思いがちです。

　ですが，一人ひとりとつながることは他のことでもできますし，コメントを書くことだけが，一人ひとりの頑張りを大切にしているということではありません。

　それをするならば，よく書けている子のノートを印刷して通信に載せたり，掲示したりしてクラスの子どもたちに紹介することをおススメします。

　紹介するときに「どういう点がいいのか」もあわせて説明するようにしましょう。

　その方が，クラスで共有できます。

　コメントを書いて子どもと一対一でコミュニケーションを図るのは，日記などの方が適しているといえるでしょう。

・ノートはためこまずに，必ずその日のうちに見る。

・名簿を印刷しておき，その場でノートチェックと評価を同時に。

・コメントは余裕のあるときに書けばよい。

「その場主義」で仕事を
どんどん片付けていく

すぐ，その場で処理してしまう

　大前先生もご著書（『忙しい毎日を劇的に変える仕事術』学事出版）の中
で述べていますが，職員アンケート，○つけ，行事の振り返りなど，「深い
思考」を必要としない仕事はその場ですぐに処理する癖をつけましょう。

　これらの仕事が「厄介な存在」になるのは，唯一，「忘れていた」ときだ
けです。

　ですから，忘れる前に，その仕事を頼まれたときや発生したときに，すぐ
に手をつけてしまうのです。

「その場主義」応用編

　「その場主義」を徹底すると，次のようなことにも応用できます。

　例えば，学年会で学年便りを提案するとき。

　学年の先生の人数分，作成した学年便りを印刷しておき，学年会で修正点
を指摘してもらいます。その際，パソコンを持参しておき，「その場で」ど
んどん修正していきます。

　そうすれば，その場で学年便りが完成することになります。

　また，クラスで当番を決めるとき。

　私は誰が何の当番になっているのか，当番表を作成しクラスに掲示してい
ます。この当番表を作成するのも，教室で決めてから，メモしておき，それ

を職員室で改めてパソコンで作成する……というようにしないで，「その場」で作成してしまいます。

決まった当番からどんどんパソコンで打ち込んでいってしまうのです。

また，その画面をテレビに映し出しておけば，子どももそれを見て，まだどの当番が決まっていないかなどを確認することができ，一石二鳥です。

テストの際も，パソコンがあればデータでその場で転記してしまいましょう。

パソコンを持ち歩くと「その場主義」ができる

これまでをお読みいただくと，「自分のパソコンを持ち歩く」ということが仕事の効率化につながるということがお分かりいただけるでしょう。

「自分のパソコン」は学校で支給されているもので十分です。

むしろ，家からパソコンを持ってくるのは，セキュリティや情報漏えいの面から不安があります。

もし持ち込む際は，必ず管理職に断るようにしましょう。

パソコンの機能は，ワード，エクセル，パワーポイントが入っていれば十分です。できるだけ薄くて，軽いものを選ぶようにしましょう。そうでないと，持ち運ぶのが億劫になり，結局持ち歩かないことになります。

また，USB メモリは持ち歩かないようにしましょう。

小さくて，なくしてしまっては大変です。面倒でもパソコンのデスクトップに保存し，職員室に戻って USB メモリに保存する，というようにしましょう。（USB メモリに関しては，自治体によっては持ち込み自体が NG のところもあるようです。使用する際は確認するようにしましょう。）

・「その場主義」でどんどん仕事を処理していく。
・パソコンを持ち歩くと「その場主義」が応用でき，色々な場面で活用できる。

151

教師の仕事を素早くこなすには，キーボードの早打ちは不可欠

教師の世界にもパソコンが……

　教師の世界でも，（やっと）パソコン入力が普通になってきています。

　私の勤務する川崎市では，私が教師になるほんの数年前まで通知表の所見欄は手書きであったそうですが，現在では指導要録も含めて，すべてがパソコン入力になっています。

　通知表の他にも，職員会議での提案文書，学級通信，学年便り，指導案などなど，教師の周りにはパソコン入力することが溢れています。

　ということは，**パソコン入力が素早くできると，仕事が素早くこなせる大きな要因になります。**

　雑務を素早くこなし，空いた時間を「自己研鑽」に充て，自分の力量を高めるため，パソコン入力を素早くできるように練習しましょう。

ブラインドタッチを練習しておこう

　現代の若者はスマートフォンの圧倒的普及に伴い，パソコンに触れることがあまりないと聞きます。

　そのため，意外とパソコンでの入力に慣れていない，若い先生がいます。

　パソコンでの入力を素早くするには，我流でやっていてはダメです。

　まず，絶対にキーボードを見てはいけません。

　パソコンの入力が速くない人は，大体がキーボードを見ながら，次に打つキーを，目で見て探しています。

　それでは遅くなります。

　キーボードを見ずに入力することをブラインドタッチと言います。このブラインドタッチができるようになれば，パソコンでの入力が格段に速くなります。

　ブラインドタッチができるようになるためには，「ホームポジション」を徹底し，指の担当を覚えましょう。

　「ホームポジション」とは，左手を小指から人差し指にかけて，「A，S，D，F」に置き，右手を小指から人差し指にかけて，「＋，L，K，J」に置くことです。

　ホームポジションに手を置けば，自ずと指の担当が決まります。

　例えば，Fはもちろん左手人差し指の担当です。その隣のGも左手人差し指です。Nでしたら右手人差し指です。

　このように指の担当が決まり，それを覚えてしまえば，ブラインドタッチができるようになります。

オススメ練習方法

　ブラインドタッチについてはインターネットで検索をかければたくさん出てきますので，参照してください。

　個人的には「指の担当」を覚えればブラインドタッチはすぐできます。「NA」を打ちたいときに「右手人差し指，左手小指」と体が反応すればよいのです。そうすればキーボードを見て打つより何倍も素早く打つことができます。

　「指の担当」を覚えるには，パソコンを使っているときだけでなく，そうでないときに練習するとすぐに覚えられます。例えば，電車に乗っているときに，広告の文字を打つと想像して，その場で動かしてみるのです。

　楽しみながら，ゲーム感覚でブラインドタッチをマスターしましょう。

・素早く仕事をこなすため，ブラインドタッチをマスターしよう！

仕事は「何のため？」を問い，軽重があることを自覚せよ

すべての仕事を全力で！は無理

多岐にわたる教師の仕事のすべてを全力で行うのは無理です。

ですが，教師という仕事は基本的に真面目な人が就くものです。

「力を抜けない」人が多いなと感じます。

それはいいことでもありますが，よくないことでもあります。

何度も述べていますが，それでは「自己研鑽」に時間を割けないのです。

それでは「バリバリ活躍」していくことなど不可能です。

「すべて全力でやるのは無理なことなんだ」と自覚して，肩の力を抜きましょう。

どれくらい力を入れるか＝どれくらいそのことを考えるか

そもそも仕事によって，重要度と優先度が異なり，軽重があります。

何の軽重かというと，「どれくらい力を入れて取り組むか」ということであり，それは「どれくらいそのことを考えて行うか」ということです。

教師が最も考えるべきは，「子どもの成長」です。

そのことに自分の力を割けるように，軽重をつけていくのです。

軽重をつけるとき，「その仕事は何のためか」を考えると，明確になります。

基準① 「子どもに直結するかどうか」→重要度に関わる

軽重の基準の一つは，その仕事の結果が「子どもに直結するかどうか」で

す。これは，その仕事の「重要度」に関わります。

　意外と子どもに直結しない仕事はあります。

　例えば，教師へのアンケート。これは何のためか，と言えば「教師のため」です。

　心の状態を心配してくれるのはうれしいですが，ハッキリ言ってこのアンケートに真面目に答えているヒマがあったら一分でも授業構想を練ったり，読書したりしたいものです。

　子どもに直結しないものは，重要度が低いので，頭を悩ませず，どんどん処理してしまいましょう。

　また，教師同士の親睦を深めるような仕事。これも子どもには直結しません。これも，教師のための仕事です。なるべく時間をかけずどんどん処理しましょう。

基準② 「全体に関わるかどうか」→優先度に関わる

　基準の二つ目は「全体に関わるかどうか」ということです。

　例えば，運動会の応援団に関する提案。

　これは「学校全体が関わる運動会を円滑に進めるため」に行うことです。

　この場合，優先度が高くなります。

　早く手をつけなくてはいけません。

　一方，例えばクラスのお楽しみ会で使うものの準備。これは，全体には関わらないため，優先度は低くなります。

　全体に関わる仕事を差し置いて，手をつけるべき仕事ではありません。

　このように，「全体に関わるかどうか」を考えることで，何から手をつけるべきか，が分かってきます。

> ・仕事の「重要度」「優先度」をしっかり考えよう。
> ・子どもに直結するかどうか＝「重要度」。
> ・学校全体に関わるかどうか＝「優先度」。

「ほんの少しの工夫」を楽しんで見つけだす！

学級事務を楽しむコツ

人間は何かに追われていると楽しめないものです。

「仕事を早く終えなくては……」という気持ちでいると楽しめません。

そうではなくて，「これ，どうやったら素早くできるかな？」とか「何か工夫できないかな？」などと，**自分なりの工夫を見つけることを楽しめばいいのです。**

そうすると，事務作業の際にも「考える」ようになります。

頭を使わないで考えない作業を延々と繰り返すから，辛くなってくるのです。どうせなら，楽しむべきです。

印刷機の工夫

例えば，印刷機です。

印刷する時間は意外とバカになりません。この時間を減らせると，残業時間を減らすことにつながります。

どうにか，印刷を効率よく行いたい，と考えていました。

気づいたことは，「印刷機が製版や印刷している時間」は誰が使ったとしても，同じだということです。ですから，「なるべく印刷機が動いていない時間をなくす」ということを心がけました。

製版が終わり，印刷している間に，次の紙を挟んでおくのです。そして，印刷が終了したらすぐに製版を開始します。そして印刷が始まったら次の製

版する紙を入れるのです。

　また，「紙の向き」も重要です。

　例えば A4 を印刷する場合，用紙を横に置かず，縦に置けば，素早く印刷が終了します。しかも，横に置いたときよりバラバラにならず，印刷し終わった紙をそろえるのも簡単です。

テストの転記は満点（100点，50点）は記入しない

　テストの転記は，名簿の紙に行う場合，「満点（100点，50点）は空欄」と決めておきます。

　そうすれば，その点数以外の点を書いていけばいいのですぐに終わります。

　パソコンのエクセルで転記する場合は，コピー機能を用いて，まず全部の欄に「100（50）」を入れてしまいます。そして一人ひとりのテストを見ていき，その点数以外を打ち込むのです。

　これだけでも時間を短縮できます。

自己満足だが……

　これらは実際には自己満足の世界です。

　劇的に時間が短縮される，という効果があるものではありません。

　ですが，「自分で見つける」ということに意義があります。

　自分で考えて，少しでも素早く学級事務を行おうとしているからこそ工夫が生まれます。

　そして，このように「考えて」仕事をしているときは楽しめており，「辛い」と感じなくなります。むしろ，こちらの方が重要な「効果」です。

・単調な作業になりがちな学級事務の「工夫」を探すことで，楽しむ！
・頭を使うことで，仕事が楽しいものになる！

机の上をすっきり！透明カバーの中に入れるべきもの

机の上は物を置かないほうがよい

　机の上には極力物を置かないようにして，いつでもスッキリを心がけましょう。

　それだけで気持ちよく仕事できるようになります。

　私は今では机の上をスッキリさせるようになりましたが，以前は机の上に物をたくさん置いていたことがあります。

　どちらも体験して分かることですが，スッキリしていた方が断然いいです。

　第一に，机の上に置いてあってもほとんど使いません。

　使うかな，と思うから机の上に置くのですが，ほとんど使わず終わります。

　そして厄介なことに，一つ置くとどんどん置いてしまい，物が増えてしまうのです。物が増えると，何を置いたかが分からなくなります。何を置いたかが分からなくなれば，さらに机の上のものを使わなくなります。悪循環が起きてしまいます。

　第二に，集中できません。子どもにも「使わない物はしまいましょう」と指導します。これも同じ理由です。スッキリしていた方が仕事は進みます。

机カバーシートは使うべき！

　机の上に何も置かないということは，書類はすべてファイルに閉じ，引き出しに入れるということです。

　しかし，それだと高頻度で使う書類がある場合，何度も何度も引き出しを

開けてファイルを開いて，紙を探して……という無駄な時間が毎回生じることになります。

　このような無駄を省くためには，机カバーシート（上のシートが透明になっていて，紙を挟めるようになっている物）を使いましょう。

　そこに，「高頻度で使う書類」を挟み，常に見えるようにしておくのです。

机カバーシートに挟むべきもの

私がおススメするのは以下の書類を入れることです。

> ・「一年間の校務分掌仕事一覧」（P.142，143参照）
> ・年間行事予定
> ・担任学年の時数一覧
> ・教室・校庭・体育館配当表
> ・単元配列表
> ・出張の予定表

　これらを適宜，縮小コピーするなどして，カバーシートに挟んでおくことで，常に目を通せるようになります。下は実際の私の机です。

左上：校務分掌表
左下：単元配列表
右上：時数表
右下：年間行事予定
真中：校庭配当表
　　　出張予定表

・机の上に透明カバーを置こう。
・高頻度で使用する書類は常に見える場所に！

書類を制するものが
実務を制す

初任の一年間はすべて取っておくのが無難

　教師の持ち物で，最も厄介なのは「書類」です。一年間で配られる書類を全て重ねると，１メートルほどになるのではないでしょうか。

　初任の場合は，配られたその書類が今後必要かどうかは分かりません。

　そのため，初任の一年間はもらった書類はすべてファイルに綴じて持っておいた方が無難です。よく，自己判断で「必要ない」と決めつけ，捨ててしまい，取り返しがつかないことになっている初任の先生がいます。

　いったんすべて取っておき，年度末にそれに目を通してみましょう。

　「使ったもの」「使わなかったもの」が分かってくるはずです。

　そこで得た知識を２年目に生かしましょう。

カテゴリー分けの例

　書類をファイリングする際，迷うのが，どんなカテゴリーのファイルを作ればよいか，です。

　人にもよるかもしれませんが，「細かく」分けたほうがよいと思います。

　「細かく」というのは，「校務分掌」と一つのファイルにするのではなく，「国語部会」「研究推進委員会」などとさらに分けるということです。

　そのうち，その細かく分けた中でも書類が多い部門が出てくるかもしれません。そうしたら，独立させればよいのです。例えば「国語部会」のファイルに入りきらなくなったら，「文詩集」などとさらに細かい単位のファイル

をつくるということです。

「手に入れた瞬間」が最も重要！！

　書類は，「手に入れた瞬間」が勝負です。

　２年目以降は，「手に入れた瞬間，取っておくか，捨てるか」を判断するようにしましょう。

　取っておく場合にも，「手に入れたそのとき」に，どのファイルに綴じるかをよく考えてファイルに綴じましょう。

　書類に目を通すのは，圧倒的に「手に入れた瞬間」なのです。その際にしっかりとカテゴリー分けしてファイリングしておけば，後で探すのも楽になります。

　これを，大きなくくりで「校務分掌」などにしてしまうと，後でその「校務分掌ファイル」の中から「国語科」「研究」などを探さなくてはいけません。

　そうすると大きな時間の無駄が生じます。

書類整理・上級編

　タブレット等を活用して，すべてデータにしてしまう，という手もあります。

　写真を撮るだけで PDF ファイル化できるような便利なアプリもあります。

　ファイル名をつけるなど工夫すれば，「検索」も可能で便利です。

　ですが，私はまだ活用していません。活用するのは，出張の行き先や詳細が書かれている文書など，比較的枚数が少なく，忘れたりなくしたりしたら困るものを，「保険」として写真で残しておく程度です。

　労力とメリットのバランスを見て，適切に活用するようにしましょう。

> ・適切にカテゴリー分けは「細かく」するとすぐに書類が見つかる！
> ・「手に入れた瞬間」判断すること！　初任の一年間はすべて取っておくこと。

先輩や上司が残っていて
帰れない場合は……

初任者特有の悩み

　ここまで，「初任者でもできる仕事術」を紹介してきました。

　おそらく「テスト」「ノートチェック」「その場主義で片付ける」の三つに
取り組むだけでも相当早く帰れるようになるはずです。

　仕事に慣れてきた二学期頃から，早ければ定時，遅くとも18時頃には仕事
が終了しているはずです。

　そのような場合はさっさと退勤し，読書したり，自分なりの授業構想をし
たりして，「自己研鑽」に励みましょう。

　一方，仕事が終了していても帰れないケースがあります。

　それは，「先輩や上司がみんな残っていて帰りにくい」というケースです。

　このようなケースは決して稀ではなく，むしろ多いといえるでしょう。

　私が初任のときは運よく，学年主任が「土居さん，これからいくらでも遅
くなることが増えるから，帰れるときには帰る！　これは命令です（笑）」
と言って，私を「追い出して」くれたものです。

　本当によくしてもらっていたなぁとつくづく思います。

　しかし，そのような学校ばかりではありません。

　この項では，「先輩や上司が帰っていないので帰れない」という場合どう
したらよいかを考えてみましょう。

自己研鑽をして過ごす！

「それでも気にせず帰る」（正直な話，私はこれがベストだと思いますが）という選択肢を除けば，答えはただ一つです。

「自己研鑽をして過ごす」のです。

本来であれば早く帰って，自己研鑽しよう，というのがこの章での私の主張でしたが，周りが帰っていなくてどうしても帰れない（帰りにくい）場合は，学校で自己研鑽もしてしまうのです。

そして，この場合，**「授業記録を書く」**（「ミニ授業記録を残そう」の項を参照）か，**「こだわりの教科の授業構想をする」**（「授業をつくる際の「こだわり方」は？」の項を参照）をするのがよいでしょう。

読書をして過ごすのもよいですが，それだと余裕がありすぎて，忙しく働いている先輩方に対して失礼な印象を与えるかもしれません。

例えば「授業記録を書く」場合，その日に行った授業の記録を思い出しながら書いてしまいます。

学校でここまでやってしまえば，多少帰りが遅くとも，家に帰ってから授業記録を書いたのと同じです。

「授業構想をする」場合，教材研究を中心に行うことになります。

教科書や教材が必要なので，むしろ学校で行ったほうがやりやすいこともあるでしょう。特に，黒板を使えるので，教室で実際に板書しながら板書計画を練ったり，模擬授業を行ったりすることもできます。

赴任した学校の雰囲気が「早く帰れる」ものではなくても，悲観する必要はありません。学校で「自己研鑽」してしまえばよいのです。

・周りが早く帰らないので帰れない場合，自己研鑽して過ごすべし！

体調管理
―ワクチンは必ず打つ

初任者は体調を崩しがち

　学校という場所は多くの人が集まる場所なので，どうしても風邪などが流行りがちです。

　初任者は，新しい職場への適応などで，心と体をどちらも大きく消耗しています。

　そのため，風邪を引いたり，インフルエンザにかかったりしやすいものです。

　初任者の先生が体調を崩して急に学校を休む，ということは何度も目にしてきました。

　いくら能力があっても，体調を崩すことが多くなるとそれを発揮できません。

　体調を整えることは非常に重要です。

「できること」はすべてやる

　教師は学校で授業をしてお金をもらう，教育のプロです。

　そのため，「学校で元気に子どもを迎える」ということに関しては，何より意識して取り組まなくてはなりません。

　体調を整えるために，できることはすべてやる，という気持ちで体調管理に取り組みましょう。

　例えば，ワクチンです。

　自治体によってはインフルエンザワクチンの料金の補助が出るところもあります。初任者は必ず受けるようにしましょう。

　ワクチンを打っていてもインフルエンザにかかってしまうこともありますが，軽く済みます。また，同じインフルエンザにかかる，ということでも「ワクチンを打っていた」という事実と「ワクチンを打っていなかった」という事実とでは，周りの先生方の心象も大きく違います。

　また，初任者はすぐに喉を痛めがちです。教師と言う仕事は，人前で話すことが非常に多い仕事です。それまでの生活とは一変します。喉をいたわることは意識的に行うべきです。

　うがいはこまめに行います。特に，「喉がイガイガするな」と感じたら，積極的に何度も何度も行いましょう。

もし体調を崩してしまったら，無理しない

　気をつけていても体調を崩してしまうことがあるものです。

　そんなときは，正直に学年主任や管理職に報告しましょう。

　間違っても，「隠す」「うそをつく」などして働き続けてはいけません。

　同僚や子どもにうつしてしまうと，一人休むよりも大きな迷惑になってしまいます。

　多少の鼻かぜなどで休んでしまうのはどうかと思いますが，高熱がある場合などは迷わず，しっかり報告し，休むようにしましょう。

　休む際は，できる限り早く伝えるようにします。朝の出勤時間ギリギリなどに伝えられても，対応が難しくなってしまいます。ベストは，前の日の夜に「熱があること」を学年主任に伝えておく。当日急に熱が出てしまったときは朝イチで連絡を入れるようにしましょう。もちろん SNS やメールなどではなく，電話で伝えます。

・体調を整えるために，「できること」は何でもする！
・もしも体調を崩してしまったら，早めの対応をすること！

3年目の飛躍を目標に！

初任者でもできる
自己研鑽編

「自分だけの世界」に閉じこもらないこと

いくらでも閉じこもれる世界

　学校は一人ひとりの教師が，教室の中に閉じこもれてしまう世界です。

　職員が顔を合わせるのは朝と放課後だけで，授業を見合う時間などはほとんどないというのが現状です。

　ですから，意識的に「自分の世界を広げていく」「外に飛び出していく」ようにしないといけません。

　自分では「そこそこやれているな」と思っても，それがどの程度なのかは他の教室や実践を見てみないと分かりません。

　また，他の人の目から見たら改善点がたくさん見つかるかもしれません。

　先に，自分の授業をビデオで撮ったら「話が長すぎてまったくだめだった」ということに自分で気づいたという話を書きました。

　自分で自分を見ても，そんなに気づくことが多いのです。

　他人から見たらもっといろいろなことを指摘してもらえます。

　ですが，現状としては「あの人の授業を見たことがない」「どんな授業をしているのか見当もつかない」という具合に，自分の世界に閉じこもっている教師は数多くいます。

歪んだ自己肯定感は持たない

　そもそもどうして自分の世界に閉じこもってしまうかというと，「自分はもう十分なんだ」という，歪んだ自己肯定感を捨てられないからです。

　授業，実践を見せるということは，その人の仕事のレベルを見せるということに他なりません。

　しかし，歪んだ自己肯定感があればあるほど，それをせず，どうにかやり過ごしていくようになってしまいます。

　この歪んだ自己肯定感は，教師という仕事では特に肥大化しがちだと私は思います。

　大学を出たばかりか，それに似たような年齢から，毎日30人以上の子どもたちに，実力がなくても「先生，先生」と呼ばれる。そんな状況は「自分はもう十分だ」という歪んだ自己肯定感を生んでしまいがちです。しかも実の伴わない「歪んだ」自己肯定感のため，肝心の授業等に自信がなく，「恥をかきたくない」から「閉じこもる」ようになるのです。

　初任者や若いうちは，「自分はそんなことはない。謙虚だ」と思うでしょう。

　しかし，若いうちからこの歪んだ自己肯定感を持っている人が多くなってきたような気がします。

　例えば，よく知らないことなのに先輩にアドバイスを受けず勝手にやる，子どものテストの点数が低いことをまったく気にしない，本を読まない，研究協議会で発言しない，研究授業に立候補しない，授業記録を書かない，実践記録を書かない……。

　これらは，見た目としての現象はそれぞれ違いますが，根っこはすべて「自分の無力さ」から目を背けた「歪んだ自己肯定感」です。

　この「歪んだ自己肯定感」を持たないようにするためには，本を読んだり，セミナーに参加したりして「自分の世界を広げていく」，「外に飛び出していく」ことが不可欠なのです。

・「歪んだ自己肯定感」を捨てること。
・意識的に，「自分の世界を広げていく」ようにすること。

学校の中で
「こうなりたい」という
先生を見つけよう

「自分の世界を広げる」第一歩

　自分の世界を広げよう，と書きました。

　その第一歩が「勤務校の中で，こうなりたい」という先生を見つけることです。

　その先生のクラスの子どもはしっかりルールを守れている。

　その先生が担任するとなぜか，子どもが落ち着く。

　授業中，子どもが真剣にかつ楽しく学習している。

　子どもたちから絶大な人気と信頼がある。

　他の先生もよくその先生に授業や学級経営について質問している。

　校務分掌の仕事が多く，重要な仕事を任されている

　人当たりがよく，「開かれて」いて，聞けば何でも教えてくれる。

　本をたくさん読むなど，しっかり勉強している。

　このような先生が，勤務校に必ず一人はいるものです。

　初任のうちは，なるべく早くこのような先生を見つけることです。そうすれば，その人から学ぶことができます。

　幸い，初任者は他の先生の教室に行く機会に恵まれています。これが二年目になるとグッと減ってしまいます。

　意識して，初任のうちに見つけましょう。

質問したり，見たりして「盗む」

　私の場合，運よく同じ学年にその先生がいました。

　まず，「自分の専門である国語以外の授業の進め方は，その人にいったん聞いてみよう」と決めました。

　その先生は学年主任でもあったので，どんどん教えてくれました。

　アドバイスを受けて行う授業はやっぱり自分の考えだけで行った授業よりもうまくいくものです。

　大切なのは，「授業がうまくいった」というだけで満足しないことです。

　「どうしてこの授業はうまくいったのか」を考えるようにすると，次につなげることができます。

　また，「どうやって勉強したのか」も質問しました。

　やっぱりその先生は，「たくさん本を買っていました」とおっしゃっていました。

　学校で活躍している先生の影には，必ずこのような努力があるのです。

　こういうことを知ることも，単に一時間の「授業がうまくいった」ということ以上に価値があります。その後の教師としての「姿勢」につながるからです。

　授業を実際に見せていただくことも積極的にしました。

　展開や発問などに目を向けることは当然ですが，子どもたちの表情や先生の言葉かけなどにも目を向けましょう。

　そして，授業を見せていただいたら必ず感想を言い，質問をしましょう。そうすることでさらに理解が深まります。

・自分の学校で目標とする先生を見つけ，その人から学ぶことを「自分の世界を広げる」第一歩としよう。

読書する

読書量が物をいう

　力をつけたければ，読書しましょう。

　読書した人がみんなすごい教師になれるかといえば，必ずしもそうではないです（教師という仕事は理論だけではどうにもならないため）が，**すごい教師はみんな読書しています。**

　「心得編」でも述べましたが，初任者はまず「実践」に関しての情報が圧倒的に足りていません。

　優先的に読んでいくべきです。

　しかし，あまりにも「実践」ばかりに偏るのもいけません。

　「理論」を扱った，一見難しい本も読んでいきましょう。

本を「買う」！

　本を読める教師になる第一歩は，「本を買う教師」になることです。気になった本はすべて「購入」します。借りた本には書き込みなどできないからです。

　これが重要です。確かに，教育書は一冊2000円前後するので安いものではありません。

　しかし，教師としての力量はお金には換えがたいものです。

　「自己投資」と思って，買いましょう。

　特に，先輩や尊敬する先生に薦められた本は，スマホなどで「その場で」

買いましょう。

　私は，尊敬する先生に薦められた本や，セミナーや講演を聞いて「この人は！」という人の本はすぐに「その場」で買っています。

日常的に読む！

　日常で空いている時間に本を読むクセをつけましょう。

　本を読むのは頭を使うことです。だから，疲れます。スマホで SNS を読んだり，動画を見たりするのは疲れません。ほとんど頭を使っていないからです。

　「クセ」になってしまえば，勝ちです。空いているときに本を読んでいないと気持ち悪い，という感覚になるのです。

　個人的には，１ヶ月，「空いている時間は本しか読まない」ことを守ればクセになると考えています。

長期休みにドカッと読む！

　私は初任の年から，毎年，夏休みや冬休みなどの長期休みは国会図書舘や大学の図書舘にこもり，主に国語科教育に関する理論書や論文を読み漁ります。この時期にしかまとまった読書の時間は取れませんし，専門的な理論書や論文はなかなか手に入りにくく，大きな図書舘に行かないと読めないものが多いからです。

　これも，クセになってしまえばどうってことなく，楽しい習慣の一つです。自分が最も興味のある教科の，さらに細かい専門的なものを読んでみると面白い世界が広がります。私の場合は，説明的文章の指導法でした。

・本は「自己投資」であり，必ず買って読むこと。
・日常的に，本を読むことをクセづけること。
・長期休みは理論書を読むチャンス！

研究協議会で
発言しよう！

研究協議会で発言しない＝…………？

　教師の世界は公務員にしては珍しく（？），「思ったことをしっかり言う」ことが推奨される世界です。ことさら，授業に関しては，思ったことを言い合って，高めていこうという風土を先輩方が脈々と築いてくださっています。

　私も，初任のときに先輩から「初任は一番に発言するんだよ！　授業を見せていただいて，何も言わないのが一番失礼だからね」とよく言われ，協議会では必ず一番に発言していたのをよく覚えています。

「自分の意見を言う」ということは……

　「自分の意見を言う」ということは，授業に対する自分の考えを表明することに他なりませんから，「自分の世界を広げていく行為」です。

　「歪んだ自己肯定感」があれば，「これを言っても的外れかなぁ」とか「間違っていたら恥ずかしいな」などと思って発言できないものです。

　また，自分の意見を言うには，自分の意見を持たなくてはなりません。ということは，その日の研究授業を必死によく見ないといけません。ここでも授業を見る力が高まります。

　子どもには「手を挙げて意見を言いましょう」と言っておいて，自分は意見を言えない，というのは格好悪いものです。研究協議会で全然意見が出ないことがあります。そのような教師たちが「自分の意見をしっかり言える子」を育てられるのでしょうか。私は協議会では必ず発言しています。

研究授業のどこをどう見るのか

　まず，事前に指導案をよく読みます。

　よく本時の展開しか読んでいない人を目にしますが，それはいけません。授業者がどのような課題意識をもって授業を構想し，子どもたちのどのような姿をねらっているのかは，「本時」より前に書かれている「教材について」「単元について」「児童につけさせたい力」などに表れます。そこをしっかり読み，本時の展開を読むようにしましょう。

　実際に授業を見る際は，教師の様子も大事ですが，それに対する子どもたちの反応，表情も見ておきたいものです。

　佐藤学氏などは授業をなるべく前方から見るようにしているそうです。参考にし，子どもたちの顔も見られるようにするとよいでしょう。

　授業の中身は，教師がねらっていること，その手立てを中心に見ましょう。

　例えば，体育の「サッカー」で「サッカーの楽しさを味わいながら意欲的に取り組む」というねらいのもと，「ルールを工夫し，サイドゾーンは相手チームは入れないということにする」という手立てを講じていたとします。

　その場合，「その手立てが本当に子どもたちの意欲につながっていたか」「もしつながっていたとしたらそれはなぜか」「もしつながっていなかったとしたらそれは何が問題なのか」ということを中心に見ましょう。

　よく，単に発言すればよいと思って，まったく教師のねらいや課題意識とは別の「枝葉」の部分に関して揚げ足取りのように質問する人がいますが，それでは建設的な話し合いになりません。

　また，「そもそもサッカーの楽しさとは」とか「体育の意欲はどう見取るのか」といった，「根本的な問題」を問うのも非常に面白い視点です。「そもそも」を問うことで，授業への考え方やよい授業の条件について考えることもできます。

・協議会で発言しないのは失礼である。
・自分の意見を言うことで，自分の世界を広げていく。

研究会・サークルに参加しよう

「毎回参加したい！」と思える研究会を見つける

　私は現在，「国語教育探究の会」，「深澤道場」，「KYOSO's（自分の主宰するサークル）」という３つの研究会に所属しています。

　それぞれの中で立ち位置や参加する目的が微妙に違います。

　ですから，３つもの団体に所属するわけです。

　中でも，初任者のときから「国語教育探究の会」に参加し，自己研鑽してきました。研究会に参加すると，実践を発表したり，論文や原稿を書いたりすることになります。それは，正に「自分の世界を広げていく」行為です。

　自分が必死になって実践し，文字化して資料として作成し，研究会で発表します。

　それを，大体の場合は否定されます。ダメ出しをされます。

　正直，涙が出るくらい悔しい思いをします。自分はもとより，その授業を受けてくれている，クラスの子どもに対して申し訳ない，という思いが湧きます。

　これが自分の「原動力」となります。実践に関するアドバイスをもらって，それを生かしてよりよい実践を創っていく，というのは研究会に参加する「表の目的」です。ですが，その裏には，「裏の目的」として，「自己研鑽の原動力をいただくため」ということが存在するのです。

　ですから，早く「毎回参加したい！」と思える研究会を見つけるべきです。

　私の考える「毎回参加すべき研究会」の条件は次の通りです。

・自分の興味のある分野の研究会である

・提案に対して，批判的な意見がしっかり出されている

・「一つの手法（例えばその研究会の会長の推奨するものなど）」を絶対視していない

・若手に発言権がある

・所属している人間（特にその会の責任者）に魅力がある

　これらの条件をほとんど満たしていれば，迷わず入会し，他の研究会にあれこれと目移りするのではなく，「定住」しましょう。

なぜ「定住」するのか

　なぜ「定住」しなくてはいけないのでしょうか。

　力をつけたいのなら，様々な研究会に顔を出し，それらの「よいところ」を吸収していけばよいと思われるでしょう。

　しかし，一つのところでじっくり腰を据えて取り組まないと，研究は深まっていかないものです。また，最初からたくさんのところに顔を出していると，それだけで「勉強している」気持ちになってしまうのです。

　身銭を切って研究会に参加する，というのは，「自分をさらけだして，自分の実践にアドバイスをもらうため」と「明日からまた頑張るぞ！　という自己研鑽の原動力をもらうため」です。参加すれば賢くなるわけでは一切ありません。

　まずは定住し，最低でも実践発表を数回し，ある程度の評価を得てから，他のところに顔を出すようにしましょう。

・研究会，サークルに参加すると，「自分の実践に対してアドバイス」がもらえたり，悔しさ，喜び，刺激などの「実践への原動力」をもらえたりする。

実践発表しよう

早いうちに「実践発表」を!

研究会やサークルに所属し，早いうちに実践発表を経験しましょう。

これ以上の「自分の世界を広げていく」行為はありません。

自分の実践を他の先生方，しかもその道の研究をしてきている先生に見せるというのは生半可な覚悟ではできません。

しかし，実践発表をする，ということは教師の力量アップに大きく寄与します。

実践発表をするには，授業構想をしなければなりません。しかも，一般的な授業，つまり提案性のない授業ではまったく意味がありません。自分なりに課題をもち，教材研究し，それを実践し，振り返りながらレポートを書かなくてはいけません。かなりきつい作業ですが，この過程で，実践を構想する力や子どもたちに力をつける授業力がついていきます。

実践発表するには

研究会に所属するのが一番です。

そして「定住」し，実践発表に立候補しましょう。

そうすれば，後は「やるしかない」のです。人間，なかなか「やるしかない」状況にならないとやらないものです。

私もそうでした。

先述したとおり，私は初任の年から，「国語教育探究の会」という国語教

育の研究会に所属していました。

　初任の5月，私は日々の授業，学級経営，学級事務で疲弊していました。初任者にとって，一番疲れが出てくる頃です。

　あるとき，恩師であり，東京国語教育探究の会の代表である石丸憲一先生から電話がかかってきました。「研究大会で実践発表しないか」とのお誘いでした。研究会の目玉である年に一度の研究大会で，しかも自分の専門ではない説明文の実践を，とのことでした。私は迷いましたが，すぐに「やらせてください！」とお返事しました。

　それから，日々の仕事に加え，教材研究，授業構想の毎日が続きました。発表するからには，提案性のない実践はできません。かなり大きな「ストレス」となります。

　しかし，自分の予想していた以上の子どもたちの反応，意見が出たときの感動は今でも忘れられません。石丸先生に興奮しながらお電話したのを覚えています。

　そうして終えた実践を，振り返りながらレポートにまとめます。これが実践発表の資料となります。

　これを書くことが非常に重要です。

　具体的な書き方は次項で紹介します。

　大会当日はたくさんの先生方が来てくれました。多くのご意見もいただくことができました。

　それから毎年，何らかの実践発表をさせていただいています。やる度に新たな発見があります。

　「あぁ，あのとき，石丸先生のからのお誘いを断らなくて本当によかったな」とつくづく思っています。

・実践を発表する，さらけ出す＝自分の世界を広げるチャンス！
・研究会に定住することで，実践発表のチャンスが巡ってくる。チャンスと捉え，積極的に挑戦すべし！

実践レポートを書こう

実践レポートを書くメリット

　どのように課題をもち，そしてそれをどのように実践し，どんな結果が得られたか。このような内容で書かれるのが教育実践レポートです。

　自分の授業を文字化していくのです。

　このような作業は確実に教師の力を高めます。

　第一に，実践を構想する力が高まります。実践レポートといっても，誰かの実践の追実践で書いてもあまり意味がありません。

　子どもの実態から出発し，授業を組み立てるところからすべてが始まります。繰り返していくと，子どもの実態を把握し，そこから問題点を見つける力が高まります。そしてそれを解決していくための方途を考えることになるのです。

　第二に，レポートを書こうと思っている授業をするとき，非常に「意識的に」授業をすることになります。年間1000時間以上授業をするのですが，「無意識」で何となくやっていれば，上達はしないか，遅くなります。一方，発問や展開，子どもたちの反応などの一つ一つを「意識的に」行えば，上達は早くなります。例えばゴルフのスイングと同じです。ただ闇雲に振っていても上手くならないものです。逆に手首の角度，脇，ひざの角度など，自分なりに意識すると上達していきます。

　第三に，授業を振り返ることになります。そこには必ず成果と課題が生ま

れるはずです。振り返ることで，それらが生まれ，次の実践へとつながっていきます。「やりっぱなし」の実践では，「なんとなくうまくいった」「なぜだか分からないけどうまくいかなかった」という感覚的なものしか残りません。

こんなことを書こう

　実際にレポートを書く際，形式は特に決められていません。基本的には自由に書けばよいと思います。

　しかし，丸っきり自由と言われると逆に難しいと思うので，先に書いた「メリット」が発揮されるような，必須事項を以下に挙げます。

・課題意識：扱う教材，単元に対して自分がどんな課題を持っているか
・実践構想：どのようなコンセプトで，どのような実践を構想したのか
・単元計画：単元全体の計画
・授業の実際：授業の様子を詳しく記述する。代表的な子どもの意見など
　　　　　　も書くとよい
・具体的資料：子どもが授業中に書いたものなど
・抽出児の様子：特に注目すべき児童の様子について。特別支援の必要な
　　　　　　児童，その教科が特に苦手な子に着目するとよい
・成果と課題：実践を振り返り，成果と課題を書く

　なお，詳しい具体例として，私の実践レポートが「わたしの教育記録」HP（http://family.shogakukan.co.jp/teachers/education/info_contest/result/h27/index.html）でダウンロードできますので，ご参照ください。

・実践レポートを書き，実践を構想する力，授業を展開する力を伸ばそう。
・実践レポートを書く意味をよく考えて項目立てしよう。

「自分のクラス」が
一番の自己研鑽の場

一番大切なのは……

本を読むことも大切です。

研究会に参加し続けることも大切です。

しかし，**最も大切なのは「目の前の子どもたち」**です。

例えばこんなことがあります。

クラスの子どもたちが，手を挙げないとします。

それを教師が「どうにかしたい」と思ったとします。（実はこれが最も重要です。）そして，本を読んで，ある手法を知ったとします。

それを自分のクラスで追実践し，うまくいけばよいですが，うまくいかないことが多いものです。

このとき，どうするか。

あきらめてしまえば，もうそれでおしまいです。「この子たちは手を挙げられない子たちなんだ」と子どものせいにしてしまうのです。

一方，あきらめず，「どうしたらよいか」を自分で必死に考えることで，教師としての力が鍛えられます。本に書かれていることを超える実践を自分で創りだしていくことになるからです。

漢字をまったく書けない子がいた

ある年，担任したクラスに，漢字をまったくと言っていいほど書けない子

がいました。年度のはじめに，前年度に習った漢字の復習テストをするのですが，一つも正確に書けていませんでした。

　私は「どうしようか……」と必死に考えました。

　本やインターネットから得た情報を基に，いろいろな方法を試しましたが，どれも効果はありませんでした。

　そこで，まず子どもをしっかり見るようにしました。

　すると，どうやら書くどころか，しっかり読めていないということが分かりました。

　そこで，漢字ドリルを音読することを徹底しました。合格タイムを設け，私がしっかりチェックするようにしました。

　書くよりも読む方がどんどん上達していくのが楽しかったようで，その子は給食の配膳時間にも「先生聞いてください！」と音読を聞かせに来るくらい漢字ドリル音読に熱中していました。

　ある程度読めるようになると，漢字に対して見慣れ，大体の形は分かってきます。次に書く練習をさせました。その子は漢字練習を雑にパパッとやっていました。そこで，「回数は5回，丁寧にゆっくり書く」「自分が書けないものをやる」と決めました。「自分が書けないもの」は，友達やお母さんに問題を出してもらって，そのとき，空書きできなかったものにチェックをつけておくように指示しました。このように学習を進めていき，年度末の抜き打ち50問テストでは，なんと92点を取りました。それでも「もう少しで100点だったのに！」と悔しがっていました。

　このように，自分のクラスこそが，教師にとっての最大の自己研鑽の場なのです。このことは忘れないでいたいものです。

・「本を読む」，「研究会に参加する」だけで満足してはいけない。
・自分の教室で，一人ひとりを伸ばすことが教師の「自己研鑽」である。

初任者のための必読書リスト

　ここでは，私が初任のときにぜひ読むべきと考える本を紹介します。主に実践書を中心に紹介していきます。

○文部科学省『学習指導要領・解説』
　文科省の HP で手に入ります。すべての教師にとっての必読書です。これを外してはいけません。学習指導要領は，「法的拘束力」をもちます。自分なりの実践を創りだそうとするときも，必ず「指導要領に即して」説明できなければいけません。

○向山洋一先生
『子供を動かす法則』明治図書（1987）
　子どもへの指示の出し方を学ぶことができます。「子供集団を動かす三原則」など，分かりやすく書かれていますが，非常に奥が深いものです。

『授業の腕をあげる法則』明治図書（1985）
　授業の十原則が挙げられています。授業だけでなく，普段子どもたちに出す指示にも関わることでもあります。

『いじめの構造を破壊せよ』明治図書（1991）
　本書でも繰り返し主張している「安全・安心のクラス」をつくる上で「いじめ」を防ぐことは欠かせません。この本に書いていることはできなくてはいけません。

○野中信行先生
『新卒教師時代を生き抜く心得術60』明治図書（2007）
　題名の通り，「新卒時代を生き抜く」ための心得が紹介されています。非常に「地に足のついた」現実的で，着実な実践が紹介されています。

『新卒教師時代を生き抜く学級づくり３原則』明治図書（2011）
　上の本と同じシリーズで「学級づくり」を中心に紹介しています。

○大前暁政先生
『若い教師の成功術』学陽書房（2007）
　若い教師の「努力の方向性」を示した本。大前先生が経験したことを基に書かれているので，エピソードなどが非常に具体的で分かりやすいです。学級経営や授業づくり，仕事術など多岐に渡って紹介されています。

『20代でプロの教師になれる』学事出版（2009）
　題名の通り，上の本にコンセプトは近いですが，授業に関する記述が多くあります。特に運動の苦手な子への体育の指導や討論を生み出す国語の授業など，興味深い実践がたくさん載っています。実践が紹介されるだけでなく，その意味やどのように構想したかも述べています。

『忙しい毎日を劇的に変える仕事術』学事出版（2010）
　大前先生の仕事術を集めた一冊。初任の年からすべて真似するのは不可能でも，考え方を学び，自分なりの仕事術を創るもとになります。

参考文献

　本書の内容に関わる参考文献です。先に紹介した「必読書」は省いてあります。「必読書」を読み込んで，その上で物足りないという方はこの参考文献を読んでみてください。

阿部利彦『発達障がいを持つ子の「いいところ」応援計画』ぶどう社（2006）

阿部利彦『発達が気になる子のサポート入門』学習研究社（2010）

岩下修『AさせたいならBと言え』明治図書（1988）

大前暁政『学級づくりスタートダッシュ』学陽書房（2010）

大前暁政『授業づくりスタートダッシュ』学陽書房（2011）

大前暁政『どの子も必ず体育が好きになる指導の秘訣』学事出版（2011）

大前暁政『プロ教師直伝！　授業成功のゴールデンルール』明治図書（2013）

杉渕鐵良『子どもが授業に集中する魔法のワザ！』学陽書房（2011）

杉渕鐵良『子ども集団を動かす魔法のワザ！』学陽書房（2010）

杉山登志郎・辻井正次『高機能広汎性発達障害』ブレーン出版（1999）

杉山登志郎『発達障害の豊かな世界』日本評論社（2000）

杉山登志郎『発達障害の子どもたち』講談社（2007）

苫野一徳「教育学のメタ理論体系」『本質学研究』第4号，本質学研究会（2017）

長崎伸仁・石丸憲一編著『表現力を鍛える文学の授業』明治図書（2009）

長崎伸仁・坂元裕人・大島光『「判断」をうながす文学の授業　気持ちを直接問わない授業展開』三省堂（2016）

野口芳宏『学級づくりで鍛える』明治図書（1988）

深澤久『鍛え・育てる　教師よ！「哲学」を持て』日本標準（2009）

東山明・松村陽子・松村進『基礎・基本をおさえた絵の指導のコツ』明治図書（2014）

おわりに

―本書の内容が「物足りなくなる」ことを望む！―

　本書では，初任者かそれに近い若手教師が，活躍していくための心得や仕事術をまとめました。

　以下のことに注意して書いています。

・初任者でも理解でき，実感できること
（現場で担任をもつ前のサークルメンバーに逐一読んでもらい，分かりにくいところはカットしてあります。）
・初任者でも行うことができる「基礎的事項」であること
（ここは外さない方がいい，ということを集めてあります。）
・なるべく「○○する」という手法の影にある「考え方」も書くこと
（本当に重要なのは「考え方」であるからです。）
・ところどころ，一段上のステップに触れること
（初任者への心得を紹介するとともに，その限界にも触れて，さらに上のステップへと見通しが持てるようになっています。）
・なるべく「具体的事例（経験）」を入れること
（私の経験はあくまで私の経験です。しかし，その詳細を書くことで，どのように考えたかなどを知ってもらえれば，と思います。私がさらに若い頃に経験したことですので，初任の先生でも実践できるはずです。）

　本書を書いた私の願いは，多くの初任の先生方が本書をお読みになり，ぜひ実行していただき，しばらくしたら「なんだか物足りないな」と思っていただくことです。

　同じ「教師としてバリバリ活躍する！」と言っても，やはり初任者と３年

目では意識や目標は当然違います。

　本書をお読みになり，「物足りない」と思い始めたとき，「次のステージ」への一歩が始まっています。

　本書が初任の先生方の勇気や仕事への情熱につながる一助となれば幸いです。

　恩師石丸憲一先生には，「頑張って書くように」と温かく背中を押していただきました。教師の楽しさを先生から身をもって教えていただいております。今後ともどうぞよろしくお願いいたします。

　群馬の深澤久先生にはプロットを見ていただき，ご助言を賜りました。「土居さんがつかんだものだけを書くように」「初任者には，ここまで……というあたりをよく考えて書けるといいね」といただいたアドバイスをもとに書かせていただきました。本当にありがとうございました。これからもよろしくお願いいたします。

　そして，長崎伸仁先生。教師になるまでも，教師になってからも，お世話になりっぱなしで，これからたくさん恩返しをしたいと思っておりましたが，先生は先に逝かれてしまいました。まだまだご指導いただきたかったことはたくさんありました。ですが，下ばかり向かず，力強く，先生がよく言われていた「子どもたちのために」，頑張ってまいります。どうか見ていてください。

　最後に，本書を執筆するにあたり，企画，編集作業など様々ご尽力いただいた明治図書　林知里様。大変お世話になり，ありがとうございました。

土居正博

【著者紹介】

土居　正博（どい　まさひろ）

1988年，東京都八王子生まれ。創価大学教職大学院修了。川崎市公立小学校に勤務。国語教育探究の会会員（東京支部）。全国大学国語教育学会会員。「深澤道場」所属。教育サークル「KYOSO's」代表。『教師のチカラ』（日本標準）准編集委員。2015年，「第51回わたしの教育記録」（日本児童教育振興財団）にて「新採・新人賞」受賞。2016年，「第52回わたしの教育記録」にて「特別賞」を受賞。『教育科学国語教育』（明治図書），『教育技術』（小学館），『教師のチカラ』（日本標準）などに原稿執筆多数。著書に『クラス全員に達成感をもたせる！１年生担任のための国語科指導法―入門期に必ず身につけさせたい国語力―』（明治図書）。

［本文イラスト］木村美穂

教員１年目の教科書
初任者でもバリバリ活躍したい！教師のための心得

2018年3月初版第1刷刊　Ⓒ著　者　土　居　正　博
2021年1月初版第6刷刊　発行者　藤　原　光　政
　　　　　　　　　　　発行所　明治図書出版株式会社
　　　　　　　　　　　　　　　http://www.meijitosho.co.jp
　　　　　　　　　　　（企画）林　知里（校正）足立早織
　　　　　　　　　　　〒114-0023　東京都北区滝野川7-46-1
　　　　　　　　　　　振替00160-5-151318　電話03(5907)6703
　　　　　　　　　　　ご注文窓口　電話03(5907)6668
＊検印省略　　　　　　組版所　株式会社アイデスク

Printed in Japan　　　　　ISBN978-4-18-153911-5
もれなくクーポンがもらえる！読者アンケートはこちらから →

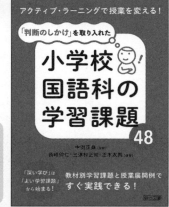